Bruno Emil König

Schwarze Kabinette

Geschichte der Thurn und Taxis'schen Postanstalt und des

österreichischen Postwesens

Bruno Emil König

Schwarze Kabinette
Geschichte der Thurn und Taxis'schen Postanstalt und des österreichischen Postwesens

ISBN/EAN: 9783743496064

Hergestellt in Europa, USA, Kanada, Australien, Japan

Cover: Foto ©ninafisch / pixelio.de

Weitere Bücher finden Sie auf **www.hansebooks.com**

Schwarze Kabinette.

Mit Anlagen:

Geschichte der Thurn und Taris'schen Postanstalt und des österreichischen Postwesens. — Ueber die gerichtliche Beschlagnahme von Postsendungen in Preussen-Deutschland.

Von

Emil König,

Begründer der Wochenschrift „Deutsche Post".

～～～～～

Nebst einem Nachwort mit einer geschichtlichen Rundschau von Bernhard Becker.

Motto: Das heimliche Brieferbrechen ist eine Nothzüchtigung der menschlichen Gedanken und die Pest des Postwesens.
Matthias.

─────────

Braunschweig.
Druck und Verlag von W. Bracke jr.
1875.

Vorwort.

In unserer Zeit, der Zeit des krassesten Personenkultus, der Zeit dienstfertiger Staatsanwälte, der Zeit der lobhudelnden, bezahlten Presse, hielt ich es umsomehr für Pflicht, mit den „Schwarzen Kabinetten" vor das Forum der Oeffentlichkeit zu treten, als ich dadurch dem Vertuschen unbestreitbarer historischer Thatsachen aus der neueren Zeit vorzubeugen beabsichtige, die zur Charakteristik unserer Tage, unserer deutschen Verhältnisse und eines Theils der Tagespresse dienen, welche über die unbedeutendsten Handlungen hoher Herren Jubellieder anstimmt, offenbare Rechtsverletzungen derselben dagegen gefällig und beharrlich todtschweigt.

Ich habe nur nackte Thatsachen berichtet, aus denen auch die feinste Nase eines öffentlichen Anklägers schwerlich Stoff zu einer Anklage herausschnobbern kann und frage Nichts nach dem Haß derer, die mich um der Wahrheit willen schmähten und verfolgten, Nichts nach der blinden Wuth solcher, welche ich der gleißnerischen Hülle entkleidete. Das Rechtsgefühl und Aufklärung im Volke zu fördern, soll die Aufgabe meiner Arbeit sein. Die Weltgeschichte soll das Weltgericht sein und bleiben. Die Reklametrommeln der servilen Presse dürfen die Stimme der Wahrheit und die Zeit charakterisirende geschichtliche Thatsachen nicht übertönen, der gesunde Sinn des Volkes soll vielmehr da sein Urtheil fällen, wo sich kein öffentlicher Ankläger fand und daher der bestellte Richter und die Presse schwiegen.

Das deutsche Volk, für welches die Schwarzen Kabinette geschrieben sind, hoffe ich, wird mein redliches Streben, objektiv und ohne Menschenfurcht die Wahrheit zu berichten, wohlwollend aufnehmen!

Berlin, im Mai 1875.

Der Verfasser.

Bitte!

Daß auch in anderen Staaten, als denen, in welchen in vorliegender Schrift die Schwarzen Kabinette als vorhanden behandelt werden — wie in Spanien, der Türkei, Italien u. a. m. — solche geheimen Anstalten bestanden, ist selbstverständlich, ebenso wenig wird irgend Jemand daran zweifeln, daß in unseren Tagen auch noch in manchen anderen Ländern gegen das Briefgeheimniß gesündigt werden mag. Ich bilde mir auch nicht ein, mit meiner vorliegenden Arbeit die Geschichte aller Schwarzen Kabinette erschöpfend gegeben zu haben; ich habe sie vielmehr gegeben, soweit ich die entsprechenden Quellen der Geschichte entdeckte, aus denen ich schöpfen konnte.

Vielleicht, daß meine Arbeit allmählich auch Angehörigen anderer und solcher Nationen zugänglich wird, deren Schwarze Kabinette und Briefgeheimnißverletzungen darin nicht behandelt sind, vielleicht auch solchen Personen, welche zuverlässige Aufschlüsse über den von mir behandelten Gegenstand in ihrem Vaterlande, sowie solchen, welche Mittheilungen über Verletzung des Telegraphen-, resp. des Depeschengeheimnisses geben können!

An diese geehrten Leser richte ich die herzliche Bitte, mich mit dem betreffenden Material zu unterstützen und so das Forschen nach lauterer Wahrheit der Geschichte zu fördern. Der Verleger Herr W. Bracke jr. in Braunschweig und meine Person werden jenes Material mit Dank entgegennehmen.

Prag, im Juni 1875.

Emil König.

Einleitung.

Schon seit einer Reihe von Jahren ist die Achtung des Briefgeheimnisses wenigstens in einzelnen Staaten verfassungsmäßig gewährleistet; der Postverkehr hat sich aber Jahrhunderte lang entwickeln
müssen, bevor die Pflicht der Bewahrung dieses Geheimnisses zu einiger
Anerkennung gelangte.

Im Völkerrecht fehlen darüber noch jetzt genaue Bestimmungen.
Die Achtung des Briefgeheimnisses ist dem Takt, dem Anstand, der
Ehrlichkeit der Staaten überlassen, welche in internationalem Verkehr
mit einander stehen. Man hat es den Athenern hoch angerechnet, daß
sie Briefe Philipp's von Macedonien ungelesen weiter beförderten. Man
hat andererseits zugeben müssen, daß zu den Mitteln, die Niederlande
im Kampfe mit Spanien zu retten, der Umstand gehörte, daß Wilhelm
von Oranien manche wichtige Depesche Philipp's II. auffing, ja sogar
von geheimen Papieren Kenntniß hatte, die wohlverwahrt unter Schloß
und Riegel in des spanischen Königs Schreibpult ruhten.

Auch dem großen Friedrich hat man es verargt, daß er aus
sächsischen und Wiener Kanzleien sich Nachrichten über die Kriegspläne
seiner Gegner zu verschaffen wußte, und es gemißbilligt, daß fast um
dieselbe Zeit das englische Parlament den Satz aussprach, daß das
Oeffnen und Lesen von Privatbriefen, wenn Staatszwecke es erforderten,
durchaus zulässig sei. —

Das Auffangen von Korrespondenzen und das Erbrechen von den
der Post anvertrauten Papieren kommt übrigens bereits im Reformations-
zeitalter und früher in Deutschland und Italien als eine Maßregel der
Diplomatie vor, um hinter die Geheimnisse und Anschläge der anderen
befreundeten und feindlichen Höfe zu gelangen. Luther sprach sich schon
1528 energisch gegen die Anwendung derartiger Mittel durch Herzog
Georg aus und stellte Geld- und Briefdiebstahl in eine Linie. In
„Dr. Martini Lutheri Schrifft von heimlichen und gestohlenen Brieffen,
sampt einem Psalm, ausgeleget widder Hertzog Georgen zu Sachsen,
1528" heißt es wörtlich: „So dieser Brieff, nach Hertzog Georgens
Meynung, mein ist, das freilich genannter Hertzog George dafür halten
soll und mus, er habe das meine bey sich widder Wissen und Willen
des, so der Herr dazu ist? Ja, wer hat yhm die Macht gegeben, solch

frembb Gut nicht allein bei sich zu halten, sondern auch damit zu handeln und zu gebaren mit Frevel und Gewalt, als mit seinen, nach allem Muthwillen, zu unüberwindlichen Schaden und Nachtheil seines Herrn; denn er läßt diesen gestohlenen, geraubten und gefangenen Briefe durch den Druck ausgehen, mich damit zu unterdrücken und sich zu erheben. Wenn ich einen Brieff hette aus Hertzog Georgen Cantzeley bekommen, wibber seinen Wissen und Willen, und handelte damit wibber seine Ehre und Glimpff, wie sollte yhm das so hertzlich gefallen? Obber wenn ich tausend Gulden einem Kauffmann inne hette, wibber seinen Wissen und Willen; und bekennet dasselbige nicht allein, sondern pochet und trotzet darauf, yhm damit zum Grunde zu verderben? Ja, sind Briefe nicht Güter? Lieber, wie wenn es sich begebe, daß mir oder dir an eim Briefe mehr denn an tausend Gulden gelegen wäre? Solt nicht solcher Brieff so werd und lieb seyn als tausend Gulden? Dieb ist ein Dieb, er sey Gelt=Dieb oder Briefe=Dieb."

In neuester Zeit (am 19. Juni 1873) stellten der Abgeordnete Dr. Banks und Genossen im deutschen Reichstage folgende wichtige Interpellation:*) „Hat der Herr Reichskanzler Kenntniß davon genommen, daß höhere Postbeamte mehrfach aus den unter dem Schutze des Briefgeheimnisses stehenden Listen der Abnehmer der durch die Post beförderten Zeitungen die Namen unterer Beamten ermittelt und denselben dienstliche Vorhalte gemacht haben, daß sie auf Zeitungen abonniren, welche den Vorgesetzten mißliebig erscheinen? Beabsichtigt derselbe, Maßregeln zu ergreifen, welche die Wiederholung solcher Vorgänge verhindern, die neben der Verletzung des Briefgeheimnisses eine unzulässige Beeinflussung der Reichsbeamten enthalten?" Es war nämlich eine Angelegenheit zur Sprache gekommen, die in den weitesten Kreisen ungewöhnliche Sensation erregte und als die neueste Probe von Verletzung des Briefgeheimnisses in einer Geschichte der Schwarzen Kabinette um der Wahrheit willen nicht mit Stillschweigen übergangen werden darf. Der Redakteur eines Berliner Blattes hatte nämlich darüber Beschwerde geführt, daß der General=Postdirektor planmäßig die Abonnenten seines Blattes, welche Postbeamten sind, verfolge. Die Revisoren hätten in amtlicher Funktion die Bestellbücher nachgeschlagen, worauf jene Beamten verwarnt worden seien, und der Regierungs=Kommissar selbst gab die Erklärung ab, daß die Bestellbücher allerdings auch den Charakter des Briefgeheimnisses tragen. Aber wenn zufällig die Postbehörde durch die postamtlichen Bestellbücher zur Kenntniß solcher Namen ihrer Beamten gelange, welche das besagte Blatt lesen, dann würde sie nicht unterlassen, dieselben zu warnen. Diese auffallende Erklärung wurde scharf gerügt, namentlich wurde getadelt, daß die deutsche Postverwaltung für sich selbst im eigenen, falsch verstandenen Interesse der Disziplin

*) Diese Interpellation wurde unterstützt durch folgende Mitglieder des Reichstages: Dr. Böhner, Tickert, Dunker, Emden, Eysoldt, Franke, Dr. Gerstner, Hagen, Harkort, Hausmann (Lippe), Hausmann (Westhavelland), Erhard, Herz, Freiherr von Hoverbeck, von Kirchmann, Kloß (Berlin), Knapp, Dr. Köchly, Dr. Löwe, Dr. Lorentzen, Dr. Minckwitz, Dr. Müller (Görlitz), Richter, Runge, Dr. Seelig, Wiggers, Ziegler, Oehmigen und Dr. Schaffrath.

das Geſetz der Amtsverſchwiegenheit verletze. Im Reichstage erregte die Angelegenheit den Unwillen der Mehrheit der Mitglieder, und die Geſchichte wird dieſelbe bereinſt nicht minder ſtreng beurtheilen.*) —

---

*) 62. Sitzung des deutſchen Reichstages am 25. Juni cr. 10 Uhr (1873). Am Tiſche des Bundesrathes Delbrück, b. Kamecke u. A. Abgeordn. Dr. Bauks motivirt ſeine Interpellation (wörtlich nach dem ſtenographiſchen Berichte): „Zwiſchen dem General-Poſtdirektor Stephan und dem Herausgeber der in Berlin erſcheinenden Wochenſchrift „Deutſche Poſt" iſt ein ſehr heftiger Streit entbrannt, deſſen Einzelheiten der Petitionsbericht näher angibt. Ich habe keine Veranlaſſung zu unterſuchen, auf welcher Seite in dieſem Streite das Recht iſt. Genug, in Folge des Streites hat der General-Poſtdirektor verlangt, daß die Poſtbeamten das Blatt, die „Deutſche Poſt" nicht mehr leſen ſollen, und um dieſem Verlangen mehr Nachdruck zu geben, iſt eine Reihe von Fällen konſtatirt, in denen oberſte Poſtbeamte die Abonnementsliſten der Zeitungen, die durch die Poſt beſorgt werden, durchleſen, ſich die Namen der abonnirten Beamten notirt (Hört! links) und denſelben dienſtliche Vorwürfe und Androhungen gemacht haben. (Hört! Hört! links.) Folgende vier Fälle ſind konſtatirt: Der General-Poſtdirektor Herr Stephan ſelbſt hat im November 1872 in Bartenſtein auf der dortigen Poſtanſtalt ſich das Zeitungsbeſtellungsbuch vorlegen laſſen, ſich die Namen zweier dort beſchäftigten und als Abonnenten eingetragenen Poſtbeamten notirt und ihnen erklärt: „Sie ſollen die Bibel leſen; (Iſt das Hohn auf die Bibel oder Frömmigkeit? Der Setzer.) aber nicht dieſes Blatt." (Hört! links, Heiterkeit.) Eben daſſelbe hat Herr Stephan im März dieſes Jahres in Neidenburg gethan und auch dort den notirten Beamten geſagt: „Leſen Sie lieber die Bibel!" (Heiterkeit.) Ebenſo hat der Geheime Ober-Poſtrath Sachſe aus Berlin am 11. März d. J. ſich in Frankfurt a. M. die dortige Abonnentenliſte vorlegen laſſen und den abonnirten Beamten Vorwürfe gemacht, daß ſie ein ſolches „Schandblatt" leſen. (Hört! links.) Aehnliche Ausdrücke und ſchwere Vorwürfe an die abonnirten Beamten ſind nach Einſicht in die Abonnentenliſten von dem Geheimen Poſtrath Bubbe auf einer Inſpektionsreiſe in Köln gethan worden. Ständen dieſe Vorgänge und Aeußerungen vereinzelt da, ſo würden wir kein Wort darüber verlieren. Aber ſie beruhen offenbar, wie durch Zeugen und Thatſachen bewieſen werden kann, auf einem Prinzip, auf einer von obenher gegebenen Inſtruktion. So z. B. hat der wegen ſeiner beleidigenden Aeußerungen an die Beamten verklagte Geheime Ober-Poſtrath Sachſe in ſeiner Klageantwortſchrift erklärt: Ihr könnt mich gar nicht verklagen; denn ich habe im ſpeziellen und direkten Auftrage meines hohen Vorgeſetzten (Stephan's) gehandelt. (Hört! Hört!) Meine Herren! Es iſt unzweifelhaft, daß in dieſer Handlungsweiſe eine im höchſten Grade ungeſetzliche Beeinfluſſung und Schädigung der Poſtbeamten liegt. Bereidete Poſtbeamte, denen Jedermann das höchſte Vertrauen in den wichtigſten Angelegenheiten ſchenken muß, werden hier in verletzender Weiſe bevormundet, was ſie privatim leſen ſollen. Sie werden mit Maßregelungen bedroht, und man will es zu Wege bringen, daß gebildete und hochgeachtete Männer zu willenloſen Objekten der oberen Behörde degradirt werden. (Sehr wahr! links.) Die nothwendige Folge kann nur eine höchſt traurige und verderbliche ſein. Wollen denn die oberſten Behörden mit Gewalt ihre Beamten zu charakterloſen Menſchen machen, die ſich für alle Dienſtleiſtungen und Anerbietungen ihrer Oberbehörden gefügig zeigen? Dann iſt aber auch der ganz ungeſetzliche Vertrauensmißbrauch gegen das Publikum, der in dieſem Verfahren liegt, aufs Schärfſte zu verurtheilen. Das Publikum iſt bisher ſtets der Meinung geweſen, daß die Abonnementsliſten unter dem Siegel des Briefgeheimniſſes ſtehen, und es iſt dieß auch früher auf eine Remonſtration im Abgeordnetenhauſe ausdrücklich verſichert worden. Wenn nun trotz dieſer Verſicherung dieſes Briefgeheimniß den Poſtbeamten gegenüber gebrochen wird, ſo iſt das der erſte Schritt vom Wege, der mit Sicherheit ſehr bedenkliche Folgen nach ſich ziehen muß, die unſerer Verwaltung nicht zur Ehre gereichen. (Sehr wahr! links.) Wir ſind beſtimmte

Daß die Petitions-Kommission in dem Einsehen postamtlicher Abonnentenlisten seitens höherer Postbeamten zu dem Zwecke, die Namen der Abonnenten auf gewisse dem Chef der Postverwaltung — vielleicht auch anderen hohen Staatsbeamten — unangenehme Blätter zu ermitteln und letztere durch Einschüchterung und andere ungesetzliche und gegen Sitte und Anstand verstoßende Mittel vom Abonnement abzuhalten, daß, sagen wir, diese Petitions-Kommission in diesem seltsamen Mißbrauch des Postzeitungszwangs und Postmonopols, eine Verletzung des Briefgeheimnisses erblickte, haben wir, ebenso wie die Interpellation Dr. Banks' und Genossen, schon erwähnt. Bemerkt sei nur noch, daß der Staatsminister und Ehrendoktor, Herr Delbrück, jene Interpellation dahin beantwortete, daß die Sache untersucht würde. Von der Art, wie die verheißene Untersuchung geführt worden ist, sowie darüber, ob man auch erwog, daß jene pflichtvergessenen Postbeamten mit jedem abspenstig gemachten Abonnenten sowohl die Interessen des Postfiskus schädigten und somit die erste ihrer Dienstpflichten übertraten, indem sie den Fiskus um die betreffende Postzeitungsprovision brachten, als auch das Interesse gewerbtreibender und hochbesteuerter Bürger auf das Flagranteste verletzten, lediglich aus Furcht vor dem freimüthigen Wort und der unbestechlichen und furchtlosen Kritik, ist uns Nichts bekannt geworden; ebensowenig darüber, welche Resultate diese angebliche Untersuchung ergeben. Nur soviel können wir konstatiren, daß seitens des Reichskanzleramts bei der Staatsanwaltschaft ein Antrag auf Verfolgung des oder der Verletzer des Briefgeheimnisses nicht gestellt worden ist, obgleich doch die Gesetze dazu da sind, zu richten Hohe und Niedere und obzwar Nichts im Volke die Achtung vor dem Gesetze mehr untergräbt, als wenn die Vergehen Mächtiger straflos bleiben, weil sich eben halt kein Steller des Strafantrages, resp. kein öffentlicher An-

---

Namen und Thatsachen mitgetheilt worden, wonach von den oberen Regierungsbehörden zahlreiche Versuche gemacht worden sind, von den Postbeamten aus den Abonnentenlisten die auf gewisse Zeitungen und Zeitschriften abonnirten Personen herauszubekommen. (Hört! Hört! links.) Wenn nun der General-Postdirektor Stephan und seine höchsten Beamten seinen unteren Beamten gegenüber selbst diese ganz ungesetzliche Handlungsweise vornehmen, warum sollen wir da nicht annehmen, daß man sich auch anderen hohen Behörden in Bezug auf andere Personen willfährig zeigt? (Sehr wahr!) Wo bleibt dann schließlich der Schutz für das Publikum? Dann hat doch der Reichskanzler Bismarck gewiß das Recht oder die Macht, die Postbeamten zu zwingen, das Briefgeheimniß für gewisse Fälle zu brechen, dann gibt es zuletzt gar kein Briefgeheimniß mehr. (Sehr wahr!) Ich habe die Interpellation gestellt in der Hoffnung, daß von Seiten der verbündeten Regierungen und des Reichskanzleramts nur die Antwort gegeben werde, dergleichen solle nicht mehr vorkommen. Eine solche Antwort aber muß gegeben werden, denn, meine Herren, glauben Sie etwa, daß die süddeutschen Staaten, deren Anschluß an unsere Postverwaltung wir doch Alle wünschen, ein Verlangen danach tragen werden, ihr Briefgeheimniß verletzt zu sehen und eine derartige Zucht auf sich zu nehmen? (Unruhe.) Es ist im rein nationalen Interesse, daß uns jetzt eine bestimmte und zufriedenstellende Erklärung gegeben wird." (Beifall links.)

(Verletzung des Briefgeheimnisses! Hätte sie sich Graf Arnim in dieser Weise zu Schulden kommen lassen, welche willkommene Waffe würde das einem Ankläger aus der Klasse der Streber gegen ihn geworden sein!)

Kläger findet. Von einer Disziplinaruntersuchung oder ob dieselbe im Sande verlaufen und höchstens ein paar über den Gegenstand gewechselte Schriftstücke als Bodensatz in reponirten Akten zurückgelassen hat, darüber entbehren wir ebenfalls jeder Kunde. Wer vermag überhaupt in unserer Zeit, der Zeit angeblich öffentlichen Lebens (sic!!), jenen dichten Schleier zu lüften, der gewisse Akten in „Nacht und Grauen" hüllt? — Immerhin dürften noch einige Einzelheiten den geehrten Leser interessiren, welche diese neue Art von Schwarzen Kabinetten, diese Verletzung des Briefgeheimnisses unter der schon soviel besungenen neuen Postaera des genialen General-Postdirektors des Deutschen Reiches und Ehrendoktor der Universität Halle, hinreichend illustriren; es ist außerdem Pflicht, dieselben um der geschichtlichen Wahrheit willen an das Licht der Oeffentlichkeit zu ziehen, umsomehr, als die national-liberale Presse dieselben trotz ihrer prinzipiellen Wichtigkeit in unbegreiflicher Verblendung, weil sie entweder mit Blindheit geschlagen oder in unverzeihlichem Servilismus befangen war, todtschwieg. Diese Einzelheiten waren wichtig für die Presse jeder Partei, denn sie waren nichts Anderes, als den Interessen der gesammten periodischen Presse ins Lebensmark bringende Rechtsverletzungen, Uebergriffe und Willkürlichkeiten, von denen die Blätter aller Parteischattirungen unbedingt hätten Akt nehmen müssen, wenn eben leider nicht Rechtsgefühl und Charakter in so vielen Blättern zu den am wenigsten vorhandenen Eigenschaften gehörten. Man höre: Die Jahre hindurch währenden geheimen Verfolgungen einer Berliner Wochenschrift seitens der Spitze der dermaligen deutschen Postverwaltung, die nur bisweilen durch die Ungeschicklichkeit einzelner ihrer Organe aus ihrem geheimnißvollen Dunkel ans Licht des Tages drangen, spitzten sich zu Anfang des Jahres 1873 so zu, daß man es sogar wagte, ganz ungescheut den Mantel der Finsterniß von dem bis dahin beliebten Verfolgungssystem zu ziehen und nunmehr eine andere Taktik zu befolgen. Es fanden sich käufliche, oder wir wollen sagen gefällige Skribenten, welche jene Wochenschrift in ditto gefälligen nationalliberalen und reaktionären Blättern besudelten, aber nie anders, als unter gleichzeitiger Schmähung und Verdächtigung der Person des Herausgebers. Ein früherer Buchbindergeselle, späterer Postsekretär, ein zur Klasse der sogenannten Streber gehörendes Individuum, trommelte noch 24 Unterschriften von Kollegen theils durch List, theils durch Versprechungen zusammen, um in einer öffentlichen Erklärung die Person des Herausgebers jener Wochenschrift auf das Schmählichste anzugreifen; zwölf der gelesensten deutschen Zeitungen gaben sich theils für Geld, theils aus liebenswürdigem Entgegenkommen dazu her, diese Mustererklärung loyaler Beamter aufzunehmen; noch heute ist man darüber im Dunkeln, aus wessen Geldbeutel die Insertionsgebühren für das famose Machwerk gezahlt worden; eine Bestrafung der Musterkollektion von Beamten ist nicht eingetreten. Ein höchster Verwaltungsbeamter ließ sich in höchsteigener Person herbei, vor dem Abonnement auf jenes verhaßte Blatt zu warnen. „Wirf alle Scham hinweg, erheb' die freche Stirn, Tyrannei!" das war das Motto Maßgebender. Die Reihe von Belägen, welche einer von dem Eigenthümer jenes Blattes an den Reichstag gerichteten Petition beigefügt waren, führte den unbestreitbaren Beweis der Wahrheit dafür, daß es jenem Verleger gegenüber seitens der obersten Postverwaltung nicht mit rechten Dingen zugegangen war. Diesem Beweise der Wahrheit konnte sich selbst eine Reichstags-Petitions-Kommission nicht entziehen. Sie mußte eine **Verletzung des Briefgeheimnisses** konstatiren und beschließen, die Angelegenheit vor das Plenum des Hauses zu bringen, und da der Schluß der Reichstagssitzungsperiode von 1873 bevorstand, hielten es Dr. Banks und Genossen für angezeigt, schleunigst noch die schon erwähnte Interpellation anzubringen. Wir gedenken hier nur eines dieser Beläge: Ein Organ des obersten Postleiters, Sachse mit Namen, seines Zeichens **Geheimer Postrath**, seines Glaubens zur Zeit Christ (Andere sagen: getaufter Jude, also jenem Stamm entsprossen, der Wolfgang Menzel so wenig sympathisch ist, in den Augen seiner Stammesgenossen aber ein Renegat) hatte in einer Klagebeantwortung auf eine Injurienklage — einem jener Beläge — ganz offen bekannt, er habe, als er die postamtlichen Abonnentenlisten des Postamts zu Frankfurt a. M. zu dem oben angegebenen Zwecke eingesehen, und über die schon erwähnte Wochenschrift und deren Redakteur hinter des letzteren Rücken allerhand Nachtheiliges gesprochen und vor dem Lesen des Blattes und dem Abonnement auf dasselbe gewarnt habe, nur die Befehle seines allerhöchsten Postchefs ausgeführt. Bei einer anderen Gelegenheit, in unserem „Buche von der Presse", werden wir eingehender auf die anderen Beläge jener Petition zurückkommen. Und zu dem Allen schwieg, wie schon gesagt, die nationalliberale Presse. Statt die Geisel der Sathre über offenbare Rechtsverletzung zu schwingen, oder doch wenigstens die nackte Thatsache zu berichten, sang sie um dieselbe Zeit gewissen Parvenüs Jubelhymnen und bestärkte sie dadurch, auf dem Pfade der Willkür und der rücksichtslosen Rechtsverletzung fortzuwandeln.

Eines Zeitungs-Artikels jener Tage in der „Deutschen freien Zeitung" in Berlin (Chefredakteur war Eduard Crämer, Eigenthümer Banquier Selig) sei noch erwähnt. Darin wurde erzählt, daß bei dem Berliner Postamte Nr. 28 an gewissen Tagen, namentlich den Expeditionstagen jener Wochenschrift, die von dem schon genannten Herausgeber aufgegebene Korrespondenz von höheren Postbeamten kontrollirt, resp. die Adressen der Empfänger notirt würden. Jene Notiz der „Deutschen freien Zeitung" wurde unseres Wissens damals weder polizeilich oder besser staatsanwaltlich beanstandet, noch verfolgt. Es erfolgte auch von Seiten der betreffenden Verwaltung kein Dementi, womit sie sonst so schnell zur Stelle ist, noch weniger ein Strafantrag. Möglich, daß man im Falle einer Anklage das Erbringen des Beweises der Wahrheit fürchtete. Die Anwendung des beliebten Zeugnißzwanges, wie er ja gegen Preßangehörige in Preußen-Deutschland schon seit Jahren an der Tagesordnung ist, gegen den Vorsteher jenes Postamtes, M., sowie gegen die übrigen Beamten jener Postanstalt würde jedenfalls Aufklärung in die Sache gebracht und die Verwaltung, wenn jene Mittheilung sich als unbegründet erwiesen hätte, von einer unangenehmen Verdächtigung gereinigt haben. Thatsache ist, daß der Herausgeber jener Wochenschrift unmittelbar nach Erscheinen jener Zeitungsnotiz Monate hindurch seine Mittwochskorrespondenz nicht mehr beim Postamte Nr. 28, Anclamer- und Brunnenstraßenecke in Berlin, sondern bei den Poststellen auf dem Gesundbrunnen und der Schönhauser Allee aufgab und daß sich bei einer den Gegenstand betreffenden Anfrage durch den Buchhalter Joseph K. der Postamtsvorsteher M. sehr reservirt verhielt, überhaupt jede schriftliche Beantwortung ablehnte. Wir durften, wie erwähnt, lediglich diese Thatsachen der Wahrheit halber nicht verschweigen und wünschen, daß künftig keine Thatsache mehr vorkommen möge, welche auch nur das leiseste Stäubchen eines Verdachtes im Punkte des cabinet noir auf den Ruhm des dermaligen obersten Postleiters, Sprachreinigers und Ehrendoktors Stephan, werfen könne. —

Kehren wir nach dieser Abschweifung zur Zeit der Reformation zurück. Zwischen Philipp von Hessen und Herzog Heinrich dem Jüngern von Braunschweig-Lüneburg gab die Verletzung des Briefgeheimnisses den Anlaß zu großen Differenzen (1539)*), und Gustav Adolph zählte unter den Gründen, welche ihn zur Kriegserklärung gegen den Kaiser bewogen, in erster Linie die völkerrechtswidrige Eröffnung seines Briefes an den Fürsten von Siebenbürgen auf. In § 2 des Art. 29 der Wahlkapitulation von 1690 mußten die Reichsstände dem Kaiser die treue Bewahrung des Briefgeheimnisses zur ausdrücklichen Pflicht machen. Besonders reich an Brieserbrechungen und Beschlagnahmen ist die französische Geschichte, auf die wir später ausführlich eingehen werden. Ludwig XIV. machte sich ein ganz besonderes Vergnügen daraus, und sein Minister, der berüchtigte Louvois, war die Seele des geheimen

---

*) Heinrich der Vierte oder Jüngere von Braunschweig, der 1525 die aufgestandenen Bauern mit niederwerfen half und den zum Tode verurtheilten Thomas Münzer auf der Richtstätte persönlich verhöhnte und quälte, war jener Wüstling, welcher die schöne Eva von Trotha den Scheintod sterben und sie entführen ließ, worauf er mit ihr sechs Töchter und einen Sohn erzeugte. Gegen die Stadt Braunschweig, weil selbige den Protestantismus angenommen hatte und weil in ihr die Häupter des Schmalkaldischen Bundes 1538 tagten, war er äußerst erbittert, konnte sie aber nicht mit Waffengewalt unterwerfen. Ihm wurde 1541 auf dem Reichstage zu Regensburg schuldgegeben, daß er in den protestantisch gewordenen Städten Einbeck, Nordhausen u. s. w. habe Feuer anlegen lassen. Indem er sich eng an die katholische Liga anschloß, sandte er 1539 eine Depesche an den Kurfürsten von Mainz durch seinen Sekretär, welcher unterwegs zum Landgrafen Philipp von Hessen kam, sich bei diesem unter falschem Range und Titel vorstellte und ihn auszuspioniren suchte. Deßhalb ließ Philipp von Hessen den Sekretär verhaften und ihm die Depesche, die nun erbrochen und gelesen wurde, abnehmen. Dieser Vorfall fachte den schon vorhandenen Hader zwischen den protestantischen und katholischen Fürsten noch mehr an und fand erst seinen Abschluß 1547 mit der Schlacht von Mühlberg. Philipp von Hessen, welchen einseitig protestantische Geschichtschreiber mit Unrecht den Großmüthigen benannt haben, war ein ähnlicher Wüstling, wie sein Gegner, der Herzog Heinrich IV. von Braunschweig. Mit Erlaubniß des frommen Reformators Luther und des geschmeidigen Melanchthon legte er sich eine zweite Frau — Margaretha von der Saale — zu und führte öffentlich eine Doppelehe. Er war am 13. November 1504 auf dem Marburger Schlosse geboren und starb 1567. Heinrich von Braunschweig aber starb am 11. Juni 1568 in einem Alter von 79 Jahren.

Spionir- und Erbrechungssystems, welches unter ihm und während der nachfolgenden Günstlings- und Maitressenwirthschaft sich immer weiter ausbildete und theils zur Ausführung von Palastintriguen, zur Verdächtigung angesehener Männer, zur Verdrängung von Günstlingen, zur Entdeckung von Verschwörungen, sowie zu dem Zwecke benutzt wurde, am von der Korrespondenz der fremden Höfe und Gesandten Einsicht zu gewinnen. Schamlose List und Bestechung, besonders zur Erlangung der Chiffreschriften, spielten hierbei die Hauptrolle, und bald griffen auch die anderen Regierungen zu solchen Mitteln und zu gleich unwürdigen Repressalien. In Deutschland betrieben August der Starke von Sachsen und sein berüchtigter Minister Graf Brühl dieß schmachvolle Handwerk, mit Hülfe des nachmals von ihm selbst wegen seiner Mitwissenschaft abgethanen kursächsischen Hofraths von Siepmann, der dieses Treiben in einer eigenen Schrift: „Despotenlohn für geheime Expeditionen" der Mit- und Nachwelt enthüllt hat. Siepmann, im Dienste des bekannten Ministers Grafen Brühl, ließ auf Verabredung mit dem polnischen General-Kronpostmeister alle eingehenden und zur Absendung bestimmten Briefe in der „geheimen Expedition" sich vorlegen, um auszuspüren, welche Anhänger Stanislaus unter dem polnischen Adel hatte. Siepmann brachte Nächtelang mit Brieferbrechen zu und soll sogar vom Postmeister zu Lublin eine Wohnung im Posthause eingeräumt erhalten haben, um dort durch Eröffnung von Briefen einer Verschwörung des Adels gegen August III., König von Polen und Kurfürst von Sachsen, auf die Spur zu kommen. Später wurden der Sekretär, der Schreiber und der Koch in der preußischen Gesandtschaft zu Warschau bestochen, um hinter die preußischen Depeschen zu kommen. Konnte man am Posttage nicht fertig werden, so änderte man in den Briefen und in den Antworten auf dieselben das Datum. Der Postmeister in Großenhain mußte beim Eintreffen der Post das Berliner Packet sofort erbrechen und die für den preußischen Gesandten in Dresden bestimmten Briefe durch eine Staffette an Siepmann vorausschicken, worauf dieser sie vor der Ausgabe der Berliner Post dem Oberpostdirektor zurücklieferte. Weil die dreifach versiegelten Briefe nicht geöffnet werden konnten, ohne daß man die Verletzung merkte, mußte sie ein Baron mit Hauptmanns-Charakter, Namens Scheel, von Neuem schreiben. Da später Briefe in Chiffern kamen, bestach Siepmann den Kammerdiener des Gesandten und ließ durch den Hofschlosser Nachschlüssel zum Schreibtische des Gesandten anfertigen, um in den Besitz des Schlüssels der Chiffern zu gelangen. Als Graf Brühl sich beim preußischen Gesandten hierauf verplapperte, brannte der Kammerdiener durch, der Baron verschwand spurlos und der Gesandte erhielt neue Chiffern. Siepmann hatte auch die Briefe der unzufriedenen sächsischen Offiziere zu erbrechen. Zuletzt bemächtigte sich aus Furcht vor Entdeckung Graf Brühl der Papiere Siepmann's.

Eine wichtige Rolle spielte das Brieferbrechungswesen mit dem gesammten übrigen Apparat der Geheimpolizei unter Napoleon I., obwohl nach seinem Sturze der Polizeiminister Fouché selbst die Brieferbrechung für eine gehässige und doch unnütze Erfindung beschränkter

Köpfe erklären mußte. Auch die Restauration und die Juli-Regierung suchten sich durch dieß System zu halten, welches auch in Deutschland*) zur Zeit der bundestäglichen Demagogenverfolgungen in Verbindung mit den polizeilichen Haussuchungen und Papierbeschlagnahmen unter Metternich zur vollsten Blüthe sich entfaltete. Ja selbst in England**) wurde es zu Anfang der vierziger Jahre gegen Ausländer (Mazzini) versucht, mußte jedoch bald in Folge der nationalen Entrüstung wieder aufgegeben werden. In den der März-Revolution folgenden Reaktions- jahren wurde die polizeiliche Brieferbrechung hier und da in Deutsch- land, vornehmlich aber in Oesterreich, nochmals reichlich in Anwendung gebracht. Letzteres überwachte in Italien selbst die Korrespondenz der Behörden, so daß eine Polizei die andere kontrollirte. Dasselbe geschah noch neuerdings in Frankreich unter Louis Napoleon (1867) auf Geheiß des Postdirektors **Vandal,** und in Folge dessen wurde der Gebrauch der Brieferbrechung seitens der Behörden **Vandalismus** genannt.

Selbst Gambetta hatte in Tours ein sogenanntes **Schwarzes Ka-** **binet,** d. i. eine bei dem Postbureau in unfreien und despotisch regierten Staaten bestehende Anstalt, wo alle an politisch verdächtige Personen einlaufende oder von denselben zur Absendung der Post übergebenen Briefe insgeheim geöffnet werden, errichtet. Demselben stand ein „Prévôt civil" vor. Das Dokument, durch welches derselbe zur Verletzung des Briefgeheimnisses ermächtigt wird, lautet: „Kriegsministerium. Herr Dutré, der der Residenz der Regierung attachirte Prévôt civil ist er- mächtigt, auf der Post die Auslieferung aller Briefe zu requiriren, deren Adresse er angibt. Tours, den 17. November 1870. Der Minister des Innern und des Krieges." Also der große Republikaner Gambetta selbst achtete das Briefgeheimniß nicht und bediente sich eines Schwarzen Kabinets.

Auch von der Kommune behaupteten Pariser Blätter nach Nieder- werfung derselben, sie habe nicht ohne ein Schwarzes Kabinet fertig zu werden vermocht. Man habe im Posthôtel zu Paris die Beweise vor- gefunden, daß die Kommune ein Schwarzes Kabinet eingerichtet gehabt hätte, in welchem Briefe, ähnlich wie unter dem zweiten Empire, nur noch massenhafter geöffnet worden seien. Bei der Mehrzahl der Briefe hätten sich die Beamten der Kommune nicht einmal die Mühe gegeben, dieselben wieder zu schließen, sondern sie hätten sie einfach zu Hunderten

---

*) Eugen Hartmann sagt in seiner „Entwickelungsgeschichte der Posten" über das Postwesen jener Periode in Deutschland wörtlich: „Die Posttaxen waren un- erschwinglich, Defraudationen an der Tagesordnung; in Folge dessen das Publikum nicht allein kein Vertrauen, sondern ein allgemein tiefbegründetes Mißtrauen gegen die Postanstalt hegte, deren s c h a m l o s e V e r l e tz u n g e n des Briefgeheim- n i s s e s den deutschen Geist empörten."

**) Von Lord Walsingham, Staatssekretär der Königin Elisabeth von Eng- land, sagt man, daß er jeden Brief habe lesen können, ohne das Siegel zu ver- letzen, womit jedenfalls seine Gewandtheit in künstlicher Wiederverschließung von geöffneten Briefen gemeint sein soll. Daß selbst England trotz seines am frühesten entwickelten Verfassungsrechtes ähnlichen Mißbräuchen nicht fern geblieben, zeigen Swift's Klagen in Briefen an Pope, dem er mittheilt, daß seine Korrespondenz vor Entsiegelung nicht sicher sei.

und Tausenden ins Feuer geworfen. Man ist indessen den Beweis für diese Behauptung schuldig geblieben. Alles, was wir nach dieser Richtung hin zu ermitteln vermochten, war Folgendes:

Als die Kommune-Bewegung gesiegt hatte, wurden von der Versailler Regierung alle Beamten aus Paris abberufen. Auf diese Weise wurde auch die Post desorganisirt. Nothdürftig wurde sie wieder eingerichtet; denn die Briefträger waren nicht alle fort. Erst installirte sich in der Generalpost Vermorel und zwei Tage nachher Theiß als Delegirter der Kommune.

De la Brugère schreibt darüber in seiner Geschichte der Kommune: „Die Postverwaltung der Kommune war auf den kleinsten Maßstab zurückgeführt: man nahm alle für Paris, Frankreich und das Ausland bestimmten Briefe an, expedirte jedoch nur die nach Paris bestimmten Briefe. Es war eine sehr dumme und gehässige Mystifikation, daß man die Beförderung der Briefe nach der Provinz übernahm und sie in Säden in einem Depôt des Postgebäudes aufbewahrte, nachdem man sie gelesen hatte. Ungeachtet des Schreckens ließ sich einiges Gemurre vernehmen und der Père Duchêne kam dem Sturme zuvor, indem er es für sehr thöricht erklärte ꝛc.

Das Publikum wandte sich dann an Agenturen und nun geschah Folgendes:

Am Eingange des Bureaus der Agentur standen zwei wachthabende föderale Gardisten (der Kommune).

„Was wünscht Ihr, citoyen?"

„„Ich will einen Brief nach der Provinz aufgeben.""

„Ist Euer Brief verschlossen?"

„„Freilich!""

„Man nimmt nur offene Briefe an."

„„Meinetwegen. Ich will ihn öffnen. Da lesen Sie ihn!""

Nachdem das Siegel erbrochen war, ging man nach dem Gitter eines Bureaus, um da seinen Brief abzugeben.

„Einen Augenblick, citoyen," rief der Föderirte. „Man nimmt die Briefe nicht an, ohne daß dieselben gelesen sind. Wir sind zu diesem Zwecke hierher beordert. Willigt Ihr in diese letzte Formalität?"

Der Föderirte las den Brief — manchmal that er es zum Ergötzen der Gallerie mit lauter Stimme — und alsbann übergab er denselben dem Angestellten der Agentur, indem er autoritätsvoll zu ihm sagte:

„Ihr könnt den Brief und — das Geld in Empfang nehmen."

Und man hatte nur noch einen Aufschlag von 20 oder 30 oder 50 Centimes zu bezahlen."

Dieß die wahre Schilderung. Ein eigentliches Schwarzes Kabinet war hiernach nicht vorhanden, da das Lesen der Briefe nicht heimlich, im Rücken des Publikums, sondern nur mit Einwilligung und in Gegenwart des Absenders geschah.

Das Gerücht vom massenhaften Verbrennen der Briefe seitens der Kommune scheint vielmehr nach deren Niederwerfung geflissentlich von der servilen Presse der Versailler Regierung ausgestreut worden zu sein. —

Rechtswissenschaft und Moral, Staats- und Völkerrecht haben die Beeinträchtigung des Briefgeheimnisses, des brieflichen Verkehrs und die Beschlagnahme von Briefen (siehe Anlage I, Bestimmungen über gerichtliche Beschlagnahme von zur Post gegebenen Sendungen in Preußen=Deutschland) übereinstimmend und zu allen Zeiten gebrandmarkt und verworfen, indem sie mit Recht darin eine Verletzung aller gesellschaftlichen Verhältnisse und einen schweren Eingriff in das natürlichste Recht, die Freiheit der Gedankenäußerung und des persön= lichen Verkehrs erblicken. Indem die Regierungspolitik aus erbrochenen Korrespondenzen und Schreibtischen Geheimnisse zu erforschen sucht, um sich, obwohl das bei der ganz natürlichen größeren Vorsicht des Publi= kums nicht einmal immer gelingt, einen momentanen politischen Vortheil über ihre Gegner zu verschaffen, zerstört sie durch die Anwendung jenes Mittels die Grundlagen der öffentlichen Sittlichkeit und des öffent= lichen Vertrauens. Denn es entwürdigt das Amt, die Stellung und den Charakter der öffentlichen Beamten, bewirkt, daß sie als Spione, als verächtliche Werkzeuge der gewaltthätigen Regierungspolitik, von ihren Mitbürgern mit Mißtrauen behandelt werden; es gibt endlich Gelegenheit, daß von der Regierung und deren Organen insbesondere Aeußerungen von vertraulicher Natur zu gehässigen Denunziationen, Verfolgungen und zur Befriedigung von Privatinteressen, sowie von Privatrache ausgebeutet werden: es widerspricht somit den Grundsätzen einer gesunden Staatspolitik, welche stets nur dem sittlichen und ver= nünftigen Werth ihrer Absichten und Bestrebungen, und der Macht und Wirkung rechtlich und sittlich erlaubter Mittel vertraut. Das Staats= recht muß anerkennen, daß das Recht der freien Gedankenäußerung, des Verkehrs durch wechselseitige schriftliche Mittheilung, unabhängig von seiner Einrichtung und Anerkennung durch die eingesetzte Staatsgewalt, ein Recht des bürgerlichen und gesellschaftlichen Verkehrs überhaupt und die Staatsgewalt so wenig berechtigt ist, dasselbe zu verbieten und die Benutzung der öffentlichen Verkehrsanstalten zu untersagen, als sie Briefe, Zeitungen rc. auf rechtswidrige Weise sich aneignen oder solche gar unterdrücken darf, welche den öffentlichen Verkehrsanstalten gegen Gebühr und unter dem Siegel der Verschwiegenheit zur Aufbewahrung und Be= förderung übergeben worden sind. Gleichwie eine Privatperson, welche unbefugt in fremde Geheimnisse bringt, von den Gesetzen als strafbar betrachtet wird, so darf auch die Staatsgewalt ohne Einwilligung der Interessenten sich nicht das Geheimniß des Inhalts von Briefen und schriftlichen Aufzeichnungen aneignen und noch viel weniger Beamte der Postverwaltung selbst. Die Gewährleistung des Briefgeheimnisses und die Zusage, daß die bei strafgerichtlichen Untersuchungen und in Kriegs= fällen nothwendigen Beschränkungen auf dem Wege der Gesetzgebung festgestellt werden sollen, ist in mehrere neuere Verfassungen ausdrücklich aufgenommen worden.

Die ausnahmsweise für nöthig erachteten Beschränkungen jenes Freiheitsrechts unter genauer Angabe der Grenzen der Ausnahmebefug= nisse festzustellen, bleibt dem gesetzlichen Strafprozeßverfahren vorbehalten. — Obgleich eine große Anzahl der modernen Strafgesetzgebungen ihren

Ursprung aus den Zeiten der Polizei-Allmacht und Willkür noch nicht zu verleugnen und zu überwinden vermögen, so ist ihre Tendenz doch wenigstens dahin gerichtet, einmal die Befugniß zum Anhalten und Oeffnen von Briefen sowie zur Beschlagnahme auf gewisse Ausnahmefälle zu beschränken, anderntheils die Ausübung dieser Befugnisse in richterliche Hände zu legen und an die Beobachtung gewisser regelmäßiger Formalitäten zu knüpfen. Sie gestatten es nur, den in Untersuchungshaft Befindlichen von der Korrespondenz mit der Außenwelt abzuschneiden, um Verabredungen mit Dritten zu verhindern.*)

Hieraus läßt sich jedoch zunächst immer nur erst ein Recht zur Verwahrung der Briefe, keineswegs aber zur Einsichtnahme von deren Inhalt herleiten. Wichtiger ist es jedoch, inwieweit die Gesetzgebung die Beschlagnahme und Eröffnung von Papieren und Briefen zur Entdeckung und zur Beweisherbeischaffung für Verbrechen gestattet. In dieser Beziehung geht die deutsche Strafjustiz oft weiter, als die Achtung vor der persönlichen Freiheit zuläßt, und gibt den richterlichen Befugnissen eine bedenkliche Ausdehnung, welche noch viele mißbräuchliche Verletzungen ermöglicht.*) Die Hauptsache ist, daß bereits in juristischem Sinne aktenmäßig feststehender, dringender Verdacht vorhanden ist, daß der betreffende Brief oder das mit Beschlag zu belegende Papier in Beziehung zu einem schweren Verbrechen steht (z. B. den Plan zu einem Komplott enthält) oder für sich den Thatbestand einer verbrecherischen Handlung in sich schließt. (Verrath von Staatsgeheimnissen.) Aber die Befugniß der Regierung darf nicht dahin gehen, Entdeckungen machen zu wollen; auch darf dieselbe nicht auf andere Briefe, als die des Angeschuldigten oder die an ihn gerichteten sich erstrecken.

Die Polizeibehörde darf höchstens das vorläufige Anhalten eines Briefes und eine provisorische Beschlagnahme auf Verlangen des Staatsanwalts oder Untersuchungsrichters verfügen. Die wirkliche Brieferöffnung muß jedoch auf einem Kollegialbeschluß des Strafgerichts beruhen; der Angeschuldigte muß davon in Kenntniß gesetzt werden, damit er dagegen Rechtsmittel bei höheren Instanzen anwenden kann, obwohl, wenn Gefahr im Verzuge, denselben keine Suspensivkraft beizulegen ist. Ebenso ist der unverfängliche Inhalt eines eröffneten Briefes, sowie ein unzulässigerweise mit Beschlag belegt gewesener Brief dem Adressaten nicht vorzuenthalten. — Der Schutz des Briefgeheimnisses liegt insbesondere auch darin, daß die Postbeamten zur Auslieferung der Briefe an die Adressaten und zur Nichtbefolgung entgegengesetzter Befehle von Seiten ihrer vorgesetzten Behörde nicht bloß bei Vermeidung von persönlicher Verantwortlichkeit, von Disziplinar- und Kriminalstrafen — welche sie, wenn sie den Befehlen der Vorgesetzten gehorchen, in der Regel ohnehin nicht scheuen —, sondern auch unter civilrechtlicher Verantwortlichkeit für entstehenden Schaden gehalten werden, wie Letzteres in England der Fall ist, während die deutsche Gesetzgebung die Zivilschädenklage theils gar nicht zuläßt, theils außerordentlich erschwert.

Auch in Kriegszeiten darf sich die Ausnahme von der Regel der Freiheit des brieflichen Verkehrs nur auf solche Briefe, welche über die

---

*) Siehe Anlage I.

feinbliche Kriegführung Aufschluß ertheilen, oder wenn der bringende und wahrscheinliche Verdacht landesverrätherischer Mittheilung besteht, erstrecken. Manche wollen in solchen Zeiten auch nicht das Recht zur Brieferöffnung, sondern nur zur Vernichtung der aufgefangenen Briefe zugestehen. Obwohl hiernach die Heiligkeit des Briefsiegels und die Unverletzlichkeit des Briefgeheimnisses längst als Postulate der Gesellschaftslehre anerkannt waren, so dauerte es doch lange Zeit, ehe diese ethischen Grundsätze Eingang in das formelle Recht fanden. In Deutschland findet sich die Gewährleistung des Briefgeheimnisses zuerst in der Josephinischen Wahlkapitulation von 1690 ausgesprochen, wo im Artikel 29 § 2 dessen treue Bewahrung gewissermaßen als Reichsverfassungsbestimmung für ganz Deutschland verbürgt wurde. Das Reichskammergericht in Wetzlar, die juristischen Fakultäten und die angesehensten Rechtslehrer erachteten denn auch eine Verletzung des Briefgeheimnisses als ein crimen falsi, das mit Landesverweisung, Staupenschlag und anderen Strafen geahndet werden sollte. Die Postbeamten insbesondere mußten in ihrem Eide treue Bewahrung des Briefgeheimnisses geloben.

Die Verpflichtung zur Wahrung des Briefgeheimnisses ging aus jener Wahlkapitulation auch in die territoriale Gesetzgebung über, z. B. in die Allgemeine Preußische Postordnung vom 10. August 1712, wo den Postbeamten bei Unterschlagung und Erbrechung von Briefen Kassation und Strafe wegen Meineids angedroht war, und in Friedrich's des Großen „Erneuerte und erweiterte Allgemeine Postordnung für sämmtliche Königliche Provinzen vom 26. November 1772," in welcher ebenfalls Kassation für Brieferbrechung, außerdem die Verpflichtung der Postbeamten zu Schadenersatz festgesetzt ist.

Einen wesentlichen Fortschritt in der Entwickelung der rechtlichen Bestimmungen über das Briefgeheimniß bezeichnet die französische Revolution. In ihr wurde die Unverletzlichkeit des Briefgeheimnisses als ein Ausfluß persönlicher Freiheit anerkannt und unter die Gewährleistung allgemeiner Verfassungsnormen gestellt. Portugal hatte schon 1826 das Recht der Unverletzlichkeit des Briefgeheimnisses in seine Konstitution aufgenommen; in Deutschland aber erhob zuerst die frühere Verfassungsurkunde des Kurfürstenthums Hessen die Gewährleistung des Briefgeheimnisses zur Verfassungsbestimmung.

Auch die Frankfurter Reichsverfassung von 1849 versuchte für ganz Deutschland gemeinsame Rechtsgrundlagen in Bezug auf Bewahrung des Briefgeheimnisses zu schaffen. Die einschlagenden Bestimmungen der vom deutschen Parlament in Frankfurt a. M. verkündigten und unterm 28. Mai 1849 urkundlich veröffentlichten deutschen Reichsverfassung über das Briefgeheimniß und die Beschlagnahme von Briefen ꝛc. lauteten wörtlich:

Abschnitt VI, Grundrechte des deutschen Volkes, § 141: Die Beschlagnahme von Briefen und Papieren darf, außer bei einer Verhaftung oder Haussuchung, nur kraft eines richterlichen mit Gründen versehenen Befehls vorgenommen werden, welcher sofort oder innerhalb der nächsten 24 Stunden den Betheiligten zugestellt werden soll;

§ 142: Das Briefgeheimniß ist gewährleistet. Die bei straf=
gerichtlichen Untersuchungen und in Kriegsfällen nothwendigen Beschrän=
kungen sind durch die Gesetzgebung festzustellen.

Die Verheißung blieb damals unerfüllt; indessen sind diese Funda=
mentalbestimmungen in die späteren Einzelverfassungen der deutschen
Staaten übergegangen, namentlich in die preußische Verfassungsurkunde
von 1850 (Artikel 33).

Das norddeutsche Bundesgesetz vom 2. November 1867 enthält
ebenfalls eine Bestimmung, wonach das Briefgeheimniß unverletzlich ist
und die nothwendigen Ausnahmen im Kriminal= und Civilprozeß bundes=
gesetzlich festgestellt werden und Artikel 33 der preußischen Verfassung
vom 31. Januar 1850 lautet: „Das Briefgeheimniß ist unverletzlich ꝛc."

Wenn hiernach ein Postbeamter, sei es auch der höchste, das
Briefgeheimniß auf irgend eine Art verletzt,*) so dürfte es
Pflicht eines unparteiischen öffentlichen Anklägers sein, die Anklage gegen
einen derartig Pflichtvergessenen zu erheben und dessen Bestrafung herbei=
zuführen, denn nach Artikel 4 der preußischen Verfassung vom 31.
Januar 1850 sind alle Preußen vor dem Gesetze gleich und es darf
bei Erhebung einer Anklage keinen Unterschied machen, ob der An=
zuklagende ein hoher Staatsbeamter oder ein Privatmann ist, Ersterer
dürfte sogar mit der ganzen Strenge des Gesetzes zu bestrafen sein,
wenn Art. 4 der preußischen Verfassung heilig gehalten werden soll. —

Mit vorstehendem Kapitel über Briefgeheimniß glaubten wir unsere
Geschichte der Schwarzen Kabinette einleiten zu müssen. Beginnen wir
dieselbe nun mit der Geschichte des Schwarzen Kabinets in Frankreich.

---

*) Siehe Reichstags=Verhandlung vom 25. Juni 1873, Interpellation
Dr. Banks' (7. Seite).

Geschichte des Schwarzen Kabinets in Frankreich.

Die Bezeichnung Schwarzes Kabinet (Cabinet noir), von der wir schon oben eine Definition gaben, dürfte unter Ludwig XIV. entstanden sein; man verstand darunter ein mit der Postverwaltung in Verbindung stehendes Kabinet zu dem Zwecke, durch Erbrechen und geschickte Wieder= verschließung der Briefe die Geheimnisse der Privatkorrespondenz der Regierung zu eröffnen. Der „Rappel" charakterisirte das Schwarze Kabinet noch während Napoleon's III. Regierung mit folgenden Worten:

„Kennt Ihr eine plumpere Indiskretion, als einen Brief zu lesen, der nicht an Euch gerichtet ist? Sich hinterlistig eine für einen Fremden bestimmte vertrauliche Mittheilung aneignen, ein intimes Geheimniß zu verletzen, ohne ihren Willen zwei sich offenbarende Geister auszuspähen, diebisch und feig zwei Herzen im Negligé zu überraschen, die zartesten Gefühle in ihrer heiligen Nacktheit zu überfallen, heuchlerisch ein Attentat auf die Schamhaftigkeit der Seelen zu begehen, gibt es einen Menschen von Ehre, der solcher Gemeinheit fähig wäre?"

Man irrt übrigens, wollte man den Anfang der Verletzung des Briefgeheimnisses seitens der Regierung in die Zeit Ludwig's XIV. ver= legen. Sie war damals schon eine Ueberlieferung des alten Regimes, die schon unter Ludwig XI. bestand. Als Ludwig XI. die französische Post gründete, oder mit anderen Worten den königlichen Kourieren den Postendienst, der bis dahin den Universitätsboten reservirt war, übertrug, wurde von vornherein der Grundsatz aufgestellt, daß die königlichen Kouriere nur solche Briefe be= fördern dürften, welche die Behörde vorher durchgelesen hätte, um sich zu überzeugen, daß dieselben Nichts enthielten, was der Regierung Nachtheil bringen könne. Dieser Grundsatz wurde später von dem mäch= tigen Minister Kardinal Richelieu weiter ausgebildet. Richelieu hatte dabei den Hintergedanken, welcher das tiefe Wort Montesquieu's erklärt: „Die Konspirationen im Staate sind schwieriger geworden, weil seit der Einrichtung der Posten die Privatgeheimnisse ein öffentliches Geheimniß geworden sind." *)

---

*) Ludwig XI. wird in der Regel als der Begründer der französisch:n Staatspost angenommen. Kardinal Richelieu (Armand Jean du Plessis, Herzog

2*

Der fromme Kardinal nannte das Oeffnen der Briefe ganz einfach
„**das Aufweichen des Siegellacks**".*)

Von einem Monarchen vom Schlage Ludwig's XI. wird die
systematische Verletzung des Briefgeheimnisses Niemand Wunder nehmen.
Mit Bezug auf die nachfolgenden Könige existiren zwar keine Dokumente,
aus denen sich mit Sicherheit beweisen ließe, daß sie sich durch Er=
brechen von Briefen in den Besitz von Geheimnissen ihrer Unterthanen
zu versetzen gesucht; indessen wird schwerlich Jemand bezweifeln, daß
ein Cancini, Mazarin, Dubois in dieser Richtung skrupulöser gewesen
wären, als Ludwig XI.

Ludwig XIV. war es vorbehalten, das Werk Richelieu's zu ver=
vollkommnen; er errichtete ein politisches Polizeibureau, das speziell mit
der Ueberwachung der Korrespondenzen betraut war; er war es, der

---

von Richelieu) war unter Ludwig XIII. der allmächtige Minister Frankreichs.
Der Kardinal Richelieu wurde am 5. September 1585 zu Paris geboren und
starb zu Paris am 4. Dezember 1642. Ludwig XI., der Sohn Karl's VII. und
der Marie von Anjou, wurde am 3. Juli 1423 geboren und starb zu Plessis-les-
Tours den 30. August 1483.   Bernhard Becker.

*) Es scheint, als hätte man die Kunst der Siegelerweichung, des
Entsiegelns von den Gauklern und Taschenspielern des Alterthums
erlernt. Wenigstens berichtet Lukian von einem Taschenspieler Alexander, der
vom Publikum versiegelte Zettel, worauf Fragen geschrieben waren, entgegennahm
und dann nach einiger Zeit den Anfragern diese mit dem nämlichen Siegel noch
verschlossenen Zettel, auf denen nun unter den Fragen die Antworten geschrieben
standen, zurückgab. Lukian gibt das Mittel an, dessen sich Alexander und seine
Helfershelfer zu solchem Behufe bedienten: „Das Lesen der versiegelten Fragen
geschah mittelst des sogenannten Kollyrium, einer aus Pech, feingestoßenem
Krystall, Wachs und Mastix zusammengesetzten Masse. Das Kollyrium
wird am Feuer erweicht und, nachdem man das Wachssiegel mit etwas Fett be=
strichen, an demselben abgedrückt. Während nun das Kollyrium trocken und hart
wird, wozu es nur weniger Augenblicke bedarf, öffnet und liest man den Brief
mit aller Bequemlichkeit und siegelt ihn wieder mit dem falschen Stempel, welcher
dem ersten völlig gleicht." — Besser, es hätten sich immerdar die Gaukler und
Taschenspieler mit der Kunst der „Siegelerweichung" und des „Entsiegelns
der Briefe" befaßt. Was aber im Diebeshandwerk der Nachschlüssel,
das wurde in den Händen der Gewaltigen und Diplomaten das „Siegel=
erweichen" und „Entsiegeln". Nur wurde der kleine Dieb zu allen Zeiten
„gehenkt", während die „Schwarzen Kabinette", diese Werkstätten des Verbrechens,
als ganz unentbehrlich von gewissen Regierungen sanktionirt waren und von den
Mächtigsten der Erde häufig mit besonderer Vorliebe gepflegt wurden. Ihre
Kreaturen und Werkzeuge wurden nicht nur reichlich besoldet, sie gelangten auch
zu Würden und Ehren, während sie doch sammt ihren Herren und Meistern ganz
ebenso wie ihre Genossen vom gemeinen Diebeshandwerk nicht bloß „gehenkt",
sondern als die Primasorte der Spitzbuben mit Auszeichnung

> „Erst gekocht,
> dann gehangen,
> dann gespießt
> auf heiße Stangen zc."

zu werden verdienten; aber —:

> „Doch das ist eben der Dinge Lauf:
> Die kleinen Diebe hängt man,
> Die großen — — —"

Nun, vor denen kriechen die Massen im Staube; sie werden vom Servilismus
beräuchert, und für sie rührt die Bedientenpresse die Reklametrommel.
                        Emil König.

zuerst „das geheime Kabinet der Posten" in vollkommen regelrechter
Weise einrichtete. Die verschiedenen Abtheilungen dieses Bureaus gingen
erblich auf die Glieder derselben Familie über, welche für dieses Geschäft
durch eine ganz besondere Erziehung gedrillt wurden. Diese geheimen
Beamten waren ebenso verschwiegen, als geschickt. Sobald eine politische
Persönlichkeit ihrer Kontrolle unterworfen war, nahmen sie einen Ab=
druck ihres Siegels, erbrachen und verschlossen dann die Briefe mit
einer solchen Gewandtheit, daß der betrügerische Verrath selbst nicht
geahnt werden konnte. Mit diesem sehr einfachen Mittel spionirte die
bourbonische Monarchie nicht allein Frankreich, sondern ganz Europa
aus. Sie durchbrach alle Mauern und drang bis unter die Dächer
vor. Sie durchforschte die stolzen Paläste und die elendesten Hütten.
Sie entdeckte Alles: geheime Pläne und Komplotte und diplomatische
Intriguen. Die Korrespondenz der Prinzen von Geblüt, der Staats=
sekretäre, der Gesandten, der Edlen und Geringen wurde von ihr
dechiffrirt. Das „Ochsenauge" im Schwarzen Kabinette spähte nach
der ganzen Welt aus.

Ludwig XV. amüsirte sich mit dieser ungeheueren Spionage. Unter
ihm hatte sie namentlich den Zweck, den Schleier vom Privatleben zu
ziehen und ist nicht mit jener politischen Agentie zu verwechseln, deren
Zweck die Enthüllung diplomatischer Mysterien war und als deren
Direktoren damals Prinz Conti und Graf Broglie funktionirten. Eine
Kammerfrau der Marquise Pompadour, Madame de Housset, erzählt
darüber in ihren Memoiren: „Der König ließ dem Herzog von Choiseul
das Geheimniß der Post, d. h. den Auszug aus den geöffneten Briefen
mittheilen; eine Gunst, deren der Herzog von Argeson (sein Vorgänger
im Ministerium) sich niemals erfreut hatte. Choiseul mißbrauchte diese
Bevorzugung aber und amüsirte seine Freunde durch die Erzählung von
launigen Geschichten und Liebesintriguen, die er auf diesem Wege er=
fahren. Ein halbes Dutzend Kommis im Hotel der Post nahmen, wie
schon erwähnt, von den Briefen, deren Eröffnung ihnen anbefohlen war,
einen Abdruck des Petschafts mit einer Quecksilberkugel, legten das
Siegel über einen Becher mit warmem Wasser, bis das Wachs schmolz,
öffneten den Brief dann, machten den Auszug und schlossen ihn wieder.
Mit den Auszügen kam der Intendant alle Sonntage zum Immediat=
Vortrage, ganz wie ein wirklicher Minister." — Hier ist Falsches mit
Wahrem vermengt: der Wasserdampf kann kein Harz, sondern höchstens
eine Oblate auflösen, und was das Quecksilber anbelangt, so ist damit
eine Mischung aus Quecksilber und Silber gemeint, die sehr geschmeidig
ist, schnell hart wird und einen Druck so klar wiedergibt, daß sie ganz
gut als Petschaft gebraucht werden kann. Seither hat die Entdeckung
neuer Metalle diesem letzteren Theile des Geschäftes eine große Aus=
bildung gegeben und Chemiker ersten Ranges haben es unter der
Restauration, wo überhaupt das Schwarze Kabinet in höchster Blüthe
stand, nicht verschmäht, die Kunst der „Siegelerweichung" zu einer so
hohen Vollendung zu bringen, daß auch der Mißtrauischste getäuscht
werden kann. —

Ludwig XVI. wollte in seiner Ehrenhaftigkeit dem Skandal, der ben Lieblingszeitvertreib seines Vorgängers gebildet hatte, ein Ende machen; ein Dekret vom 18. August 1775 erklärte „die geheime Korrespondenz der Bürger für ein Heiligthum, welches sich den Blicken der Gerichte wie der Privatpersonen entziehen müsse." Er ließ ferner die Administratoren, wie auch die Beamten schwören, das Geheimniß der Korrespondenz im ganzen Königreich zu respektiren.*) Allein man wußte den schwachen König sehr bald zu überreden, daß die Staatsklugheit die Wahrung des Briefgeheimnisses nicht gestatte. Das Schwarze Kabinet war binnen Kurzem wieder so thätig, daß in den Cahiers, welche die Wähler ihren Repräsentanten für die Generalstände 1789 mitgaben, das stürmische Verlangen nach Beseitigung der Beschwerden über Verletzung des Briefgeheimnisses und nach strenger Bestrafung jedes Postbeamten, der sich dazu hergebe, Briefe zu eröffnen, eine Hauptrolle spielte. Allein schon in der Sitzung vom 25. Juli 1789 hatte Robespierre Mirabeau entgegnet: „Gewiß sind die Briefe unverletzlich; aber wenn eine ganze Nation in Gefahr schwebt, wenn man sich gegen ihre Freiheit verschwört, dann wird, was sonst ein Verbrechen ist, zur lobenswerthen Handlung. Schonung der Verschwörer ist Verrath an dem Volke." Uebrigens wechselte, wie wir später sehen werden, Robespierre seine Ansicht, wie es ihm paßte. Am 8. Juli 1790 strich die Nationalversammlung auf Biron's Bericht die Fonds für das Schwarze Kabinet. Trotzdem wurden in demselben Monat, in einer Epoche, in der die Emigranten allseitig gegen die Nation konspirirten, die Depeschen des Grafen von Artois an die Person des Herrn von Castelnau, des französischen Ministers zu Genf, konfiszirt.

Ein Deputirter der Konstituante verlangte, daß alle seit dem Beginn der Unruhen in Paris aufgefangenen Briefe in einem sicheren Depot zu verwahren seien, um der Nationalversammlung vorgelegt zu werden, wenn diese es passend fände.

Aber Mirabeau erhob sich gegen den Antrag: „Paßt es für ein Volk, das frei werden will," ruft er in die Nationalversammlung hinein, „die Maximen und Prozeduren von der Tyrannei zu entlehnen? Kann es einem Volke passend erscheinen, die Moral zu verletzen, nachdem es so lange ein Opfer Jener war, welche sie verletzten? Was werden wir durch die schmähliche Briefinquisition erfahren? Elende und schmutzige Intriguen, skandalöse Umtriebe, verächtliche Frivolitäten. Wie, das letzte Asyl der Freiheit sollte von Jenen selbst verletzt werden, welche die Nation zur Wahrung ihrer Rechte abgeordnet hat? Die geheimsten Seelenmittheilungen, die gewagtesten Geisteskonjekturen, die Ausbrüche eines grundlosen Zornes, die oft im nächsten Momente berichtigten Irrthümer, sollten als Zeugnisse gegen Parteien verwendet werden dürfen? Der Bürger, der Freund, der Vater und Sohn würden so, ohne es zu

---

*) Das Verdienst der Abschaffung der polizeilichen Spionage auf der Post ist nicht dem dummen ungeschlachten Könige Ludwig XVI., sondern dem freisinnigen Minister Turgot (1774—1776) zuzuschreiben. Als Turgot der Reaktion zum Opfer gefallen war, erschien auch die Verletzung des Briefgeheimnisses wieder. Ludwig XVI. war keineswegs ein so abgesagter Feind des Skandals, wie er hier vom Herrn Verfasser dargestellt wird. Bernhard Becker.

wissen, zu gegenseitigen Richtern werden! Sie könnten gelegentlich Einer den Andern verderben! Und die Nationalversammlung sollte zur Basis ihrer Urtheilserkenntnisse zweideutige Mittheilungen nehmen, die sie sich nur auf dem Wege des Verbrechens verschaffen konnte?"

Mirabeau weist mit der Beredtsamkeit eines empörten Geistes einen Antrag zurück, welcher die Versammlung entehren würde, und diese geht unter Beifallsrufen für den Redner zur Tagesordnung über. Sie thut noch mehr; sie wandelt den von Mirabeau ausgesprochenen Grundsatz in ein Gesetz um. Am 14. August 1790 proklamirt sie die Unverletzlichkeit des Briefgeheimnisses. Am 26. August desselben Jahres dekretirt sie, daß fortan die Postverwalter und Beamten den Eid zu leisten hätten, das Briefgeheimniß unverbrüchlich zu bewahren und alle Verletzungen, die zu ihrer Kenntniß kämen, unverzüglich anzuzeigen. Gleichzeitig verhängte sie gegen Zuwiderhandelnde strenge Strafen, wie Geldstrafen, Kerkerhaft und Verlust der bürgerlichen Rechte. Nach der Flucht von Varennes wurden die Bedenken der Versammlung auf eine harte Probe gestellt. Zwei an den König adressirte Briefe waren in den Tuilerien aufgefangen worden. Diese zwei Briefe konnten werthvolle Aufschlüsse über die sträflichen Relationen Ludwig's XVI. geben, sie waren überdieß erbrochen. Trotzdem verweigerte die Versammlung, den Inhalt anzuhören und verfügte, daß diese Briefe wieder versiegelt und dann ihrem Eigenthümer zugestellt werden sollten. So rächte sich das Uebermaß des Verraths durch eine anerkennungswerthe Ehrenhaftigkeit. — Robespierre, von dem wir früher erwähnten, daß er die bedingte Verletzung des Briefgeheimnisses für erlaubt gehalten habe, besteigt am 28. Januar 1791 die Tribüne und ruft, als es sich um gewisse Korrespondenzen handelt, welche der Versammlung zur Prüfung unterbreitet sind: „Wie ist man zur Kenntniß dieser Schriften gegen die Nationalversammlung gelangt? Man hat also das Briefgeheimniß verletzt! Das ist ein Attentat gegen die öffentliche Sittlichkeit!" Daß nachher das Sicherheits = Comité diese freisinnige Auffassung wieder dementirte, versteht sich von selbst.*) Nach dem 9. Thermidor wollte der Konvent von der Staatsraison zur Ehrlichkeit zurückkehren und und beschloß am 9. Dezember 1794: „Das Briefgeheimniß darf im Innern der Republik nicht verletzt werden, und die über die Verwaltung der Posten gemachten Bemerkungen werden dem Transport=Comité zugewiesen." Indessen ist die Sittenlosigkeit der Thermidorianer, die

---

*) Der Sicherheits-Ausschuß hat im heftigen Kriege gegen die äußern und innern Feinde der Revolution, als letztere sich ihrer Haut wehrte, nicht anders handeln können. Robespierre's Ausspruch vom 25. Juli 1789 stimmt hiermit überein. Was aber den Ausspruch vom 28. Januar 1791 anbetrifft, so war Robespierre hierzu berechtigt, weil von der National-Versammlung die Heilighaltung des Briefgeheimnisses unterm 14. August 1790 proklamirt worden war und man sich noch nicht im Kriege befand. Robespierre ist also durchaus nicht so inkonsequent in dieser Beziehung, wie der Herr Verfasser annimmt. Außerdem war Robespierre späterhin nicht Mitglied des Sicherheits = Ausschusses, für dessen Handlungen er somit nicht verantwortlich ist, sondern die Fraktion Robespierre=St. Just=Couthon bildete den dritten Theil des Wohlfahrts-Ausschusses.

Bernhard Becker.

Geriebenheit und Käuflichkeit ihrer Polizei wohl zu bekannt, als daß jener Revolution in der Praxis große Bedeutung beizulegen wäre. — Das Kaiserreich stellte das Schwarze Kabinet völlig wieder her. Der große Napoleon nahm die vom großen Ludwig eingeweihte Briefinquisition wieder auf. Der Despotismus griff wieder zu seinem finsteren Geschäfte. Der Gedanke, in welcher Form er auch auftrat, ob gedruckt oder handschriftlich, war der polizeilichen Ueberwachung unterworfen. Die Präfekten maßten sich das Recht an, alle verdächtigen Briefschaften auf der Post in Beschlag nehmen zu lassen. Die seltsamsten und interessantesten, die amüsantesten und ernstesten Korrespondenzen wurden in einem Rapport an den Herrn und Meister vorzugsweise mitgetheilt. Ein Republikaner schreibt an einen andern Republikaner, ein Royalist an einen Royalisten, ein Mann an seine Frau, ein Bruder an seine Schwester, ein Sohn an seine Mutter, ein Liebender an seine Geliebte, und keiner von ihnen gewahrt den Kaiser, der ihnen, während sie die Feder in der Hand halten, über die Schulter blickt. — Napoleon war unsichtbar bei allen intimen Zusammenkünften und Stelldichein, bei allen gemüthlichen Plaudereien, — ein spöttischer, oder schrecklicher Zeuge, je nachdem er die menschlichen Leidenschaften als eine Komödie oder als ein Drama zu behandeln für gut findet. — In seinen Konversationen auf St. Helena suchte sich Napoleon I. schlecht und recht zu entschuldigen, daß er das Briefgeheimniß verletzt habe, ja er scheint dort zu der Einsicht gelangt, „daß die Verletzung des Briefgeheimnisses eine schlechte Institution sei, die mehr Uebles anrichte, als Gutes stifte." — „Wie oft, seufzte er, „begegnet es einem Souverän nicht, übler Laune, ermüdet von Dingen, die dem seiner Entscheidung harrenden Gegenstande vollständig fremd sind, beeinflußt zu sein! Und dann wie leichtsinnig, wie inkonsequent sind die Franzosen nicht in ihren Schriften und Worten! Ich benutzte das Schwarze Kabinet vornehmlich, um die geheime Korrespondenz meiner Minister meiner Kämmerlinge, meiner Großoffiziere, Berthier's, selbst Duroc's kennen zu lernen." — Las Cases meldet über diese Periode Folgendes: „Sobald Jemand auf dieser wichtigen Ueberwachungsliste eingetragen war, ließ das Bureau sofort sein Wappen und Siegel graviren, so daß seine Briefe nach erfolgter Durchsicht ruhig und ohne das leiseste verdächtige Merkmal an ihre Adresse befördert werden konnten. Die Kosten des Bureaus beliefen sich auf 600,000 Frcs. Die Korrespondenz von Privatpersonen zu überwachen, hielt der Kaiser eher für schädlich, als für nützlich." — Selbst ein so gewissenloser Mensch, wie der Polizeiminister Savary, der Vollstrecker so vieler geheimer Missionen, z. B. der gegen den Herzog von Enghien, verdammt vom reinen Nützlichkeitsstandpunkte aus das Schwarze Kabinet in den entschiedensten Ausdrücken. „Mehr als einmal hat man sich gerade dieses Mittels, durch das der Chef des Staates die ungefälschte Wahrheit zu erfahren hofft, bedient, um die wohlpräparirte Lüge bis unmittelbar zu ihm dringen zu lassen," schreibt Savary. „Mit Hülfe dieser Einrichtung kann ein Individuum einer beabsichtigten Denunziation doppelte Wahrscheinlichkeit verleihen; es braucht nur einen Brief auf die Post zu geben, welcher geeignet ist, die Meinung, um deren Verbreitung es sich handelt, zu unterstützen. Der ehrenwertheste Mann kann so durch einen Brief kompromittirt werden, den er nie zu lesen bekommt und nicht verstehen würde. Ich spreche aus eigener Erfahrung," fügt Savary bedeutungsvoll hinzu. Desgleichen erklärt Bourienne die offenbare Ungnade, die während des ganzen Empire auf General Kellermann lastete, in nachstehender Manier: „Der General-Postdirektor Delaforest arbeitete oft mit dem ersten Konsul, und man weiß wohl, was das heißen will, wenn ein General-Postdirektor mit dem Staatsoberhaupte arbeitet. In einer dieser Sitzungen las Napoleon einen Brief Kellermann's an Lasalle, worin es hieß: Glaubst Du, mein Freund, daß Bonaparte mich nicht einmal zum Divisionsgeneral gemacht hat, — mich, der ich ihm die Krone aufs Haupt gedrückt habe? (Anspielung auf Marengo.) Der Brief ging an seine Adresse ab, Bonaparte jedoch hatte den Inhalt nie vergessen." —

Napoleon berief sich auf das Beispiel Ludwig's XIV. Das „Memorial" sagt zu den Milderungsgründen, die er beizubringen versucht: „Was auch im Publikum darüber gesagt wurde, man las sehr selten die Briefe auf der Post, versicherte der Kaiser." Die Briefe der Privaten wurden, eröffnet oder wieder zugesiegelt, denselben zugestellt und die längste Zeit entweder gar nicht oder nicht zu Ende gelesen. Dieses Mittel diente nur zur Warnung für Korrespondenten, nicht aber zu deren Entdeckung. Die thatsächlich gelesenen Briefe zeigten den Verrath nicht mit der geringsten Spur; selbst Duroc, der vertrauteste Kammerdiener des Kaisers, ahnte nicht, daß der Kaiser seine Briefe las; derart sicher waren die Vorkehrungen getroffen.

Indem der Kaiser zugibt, daß man sehr wenige Briefe auf der Post gelesen habe, bekannte er zugleich, daß er für die Verletzung des Briefgeheimnisses 600,000 Francs gewidmet hatte. Jährlich 600,000 Francs! Wie viele Briefe konnten für eine solche Summe entsiegelt werden! Uebrigens mißbilligte auch der Kaiser die Einrichtung des Schwarzen Kabinets nicht, weil es unsittlich, sondern weil es unwirksam war. Er beklagte sich darüber, daß seine gefährlichsten Feinde dieser Spionage entronnen wären, und er war es, der das unerhörte Wort zu Las Cases*) sagte: „Es gab einen meiner Minister, von dem ich nie einen Brief auffangen konnte!"

*) Der französische Geschichtschreiber, welcher mit dem Kaiser Napoleon I. auf St. Helena war, Emanuel Augustin Gottlob Marie Joseph, Herr de la Coussade, Palleville, Coussinal und Spugets, Marquis de las Cases, war 1766 bei Rebel in Languedoc geboren und starb zu Passy den 15. Mai 1842. Die jedenfalls nicht sehr wahrheitsgetreue Schrift, welche er über die auf St. Helena vorgefallenen Aeußerungen des Kaisers Napoleon Bonaparte veröffentlichte, ist das Mémorial de Sainte Hélène. Selbiges steht mir hier in Zürich nicht zu Gebote, aber ich habe es in der Bibliothek des Britischen Museums zu London gelesen. Auf die Weißwaschungen Napoleon's 1. ist gar Nichts zu geben; denn derselbe war ein Erzlügner. Im Anfange seines Konsulats ließ er, um bei den Franzosen thörichtes Vertrauen zu erwecken, durch den Finanzminister Gaudin folgendes an den Zentralkommissär der Post gerichtetes Schreiben veröffentlichen:

„Die Regierung hat neuerdings eine von Zivil-Behörden verfügte Verletzung des Briefgeheimnisses sehr gemißbilligt und erklärt, daß sie künftig gegen Jeden,

Unter den Bourbonen hat das Schwarze Kabinet viel von sich reden gemacht, es ward wie bisher mit 600,000 Francs aus den geheimen Fonds des auswärtigen Amtes erhalten und von 22 Beamten verwaltet, unter denen sich sehr vornehme Personen befanden. Bei dem Sturze Villèles (1828), der den Polizeipräfekten Delevan mit sich riß, erklärte das neue Ministerium offiziell, „das cabinet noir existire nicht mehr in der Postverwaltung" — eine Zweideutigkeit; denn man hatte es einfach verlegt. — Nach der Juli-Revolution hatte man keine Mühe, es aufzufinden oder den Beweis zu führen, daß es bis zum letzten Augenblicke in Thätigkeit gewesen war. Der Name eines Beamten, den man damals entdeckte, gab zu einem berühmten Prozesse Veranlassung. Eine junge Dame aus bester Familie hatte 1821 einen sehr hohen Postbeamten, eine einflußreiche, direkt mit den Tuilerien in Verbindung stehende Persönlichkeit geheirathet. Dieser mußte beinahe jeden Abend auf seinem Bureau sein, oft einen großen Theil der Nacht daselbst zubringen. Die Juli-Revolution klärte dieses Räthsel dahin auf, daß er zu den Vorstehern des Schwarzen Kabinets gehörte. Empört über diese Ehrlosigkeit, klagte die Frau auf Trennung der Ehe; vor dem Seine-Tribunal verlor sie trotz ihres talentvollen Advokaten den Prozeß, aber die öffentliche Meinung gab ihr Recht, und nie hat sie den Mann wiedergesehen, der sie um eines sehr hohen Gehaltes willen mit in seine Schande hinabgerissen.

Die Juli-Regierung trat die alte Erbschaft der Bourbonen an

der sich so Etwas erlauben würde, mit aller Strenge des Gesetzes einschreiten will. Den Postdirektoren muß ausdrücklich verboten werden, keinem Befehle zu gehorchen, der die ihrer Redlichkeit anvertraute Diensttreue gefährden könnte. Sollte es jedoch vorkommen, daß man sie mit Gewalt dazu zwingen wollte, so haben sie hierüber ein Protokoll aufzunehmen und dasselbe einzusenden. Die Regierung wird unerbittlich gegen eine Art von Verbrechen sein, welches nur Zeiten angehören konnte, deren Rückkehr die gegenwärtige Lage der Regierung nicht befürchten läßt."

Hiermit machte Napoleon Bonaparte die Franzosen sicher, damit er desto besser auf der Post hinter die Verschwörungen und andere Geheimnisse kommen und die Unzufriedenen kennen lernen konnte. Bei der Rückkunft Napoleon's von Elba erließ der Minister des Innern (Carnot) an die Präfekten ein ähnliches Rundschreiben, in dem er u. A. sagte: „Ein solches Verfahren in die Verwaltung einführen, heißt dem Kaiser nicht dienen, sondern ihn verläumden. Weit davon entfernt, die Huldigung eines von den Gesetzen gemißbilligten Dienstes zu verlangen, weist er vielmehr denselben zurück."

Und gleichwohl hat kein Tyrann auf der Post mehr Briefe erbrochen und unterschlagen lassen, als gerade der durch und durch lügenhafte, gaunerische und rücksichtslose Kaiser. Bernhard Becker.

Wie sehr übrigens der Usurpator vom Schwarzen Kabinet Gebrauch machte, geht unter Anderem aus Folgendem hervor:

Als der Revolutionsgeneral Santerre, der am 6. Februar 1809 zu Paris gestorben war, beerdigt werden sollte, verbreitete sich das Gerücht, daß bei dieser Beerdigung Arbeiterunruhen ausbrechen und eine republikanische Demonstration in Szene gesetzt werden sollte. Um dieß zu verhindern, unterschlug die besorgte kaiserliche Polizei auf der Post die in Paris üblichen Einladungskarten, sodaß die meisten von Santerre's Freunden von dem Tage und der Stunde der Beerdigung gar keine Kenntniß erhielten. In Folge dessen ging das Begräbniß Santerre's sehr still vor sich. (Siehe A. Carro, Santerre. Paris 1847.)

und unter dem Bürgerkönig Ludwig Philipp wurde den Agenten des Schwarzen Kabinets ihr Gehalt fortgezahlt. Noch im Jahre 1847 findet man auf die geheimen Fonds des auswärtigen Amtes die Summe von 65,000 Francs unter dem Titel: Pensionen für Beamte des ehemaligen Schwarzen Kabinets angewiesen. Unter Louis Philipp's Regierung ge= schah es auch und zwar im Jahre 1847 unter dem Ministerium Guizot, daß dem schwedischen Gesandten in dem Kouvert seiner Regierung die für den preußischen Gesandten bestimmten Depeschen übergeben wurden, während der preußische die Depeschen des schwedischen Gesandten erhielt. Die Dunkelmänner des Schwarzen Kabinets hatten die Depeschen der beiden Regierungen einfach verwechselt. Unter dem Bürgerkönig spielten in politischen Prozessen Korrespondenzen eine Rolle, welche auf der Post mit Beschlag belegt und für die Anklage=Akten benutzt worden waren. E. Arago hat über das Schwarze Kabinet Louis Philipp's, das er bei der Uebernahme der französischen Post 1848 vorfand, interessanten Auf= schluß gegeben. Auszüge aus zwei Werken Arago's wird der Leser hinten im Nachwort zu gegenwärtiger Schrift finden. Unter der darauf folgenden Republik, und dann unter dem Kaiserreich endlich war das Schwarze Kabinet dem Anscheine nach überflüssig, da ein Beschluß, den die ver= einigten Kammern des Kassationshofes am 21. November 1853 gefaßt und der also Gesetzeskraft hatte, jene Spionage, die bisher nur im Dunkeln einherschlich, in ein politisches System gebracht hat, das am hellen Tage praktizirt wurde. Das Laster hatte auch die Hülle der Heuchelei abgestreift, es genirte sich gar nicht mehr, denn jeder Präfekt und der Polizeipräsident von Paris hatten nach obigem Beschlusse das Recht, sich von der Post durch einen gewöhnlichen Kommissär, den sie mit einem Mandate für den speziellen Fall versehen, die Korrespondenz an ein näher bezeichnetes Individuum gegen Empfangsschein ausliefern zu lassen. Erhielt die Post die Briefe später zurück, so wurden sie vor der Absendung an die Adresse mit einem Stempel versehen: „Geöffnet auf Befehl der Justiz." Was die Justiz mit dieser Prozedur zu thun hatte, bleibt dabei freilich ebenso ein Räthsel, wie auf welche Art der Kassationshof sein Verdikt mit Artikel 187 des Strafkodexes in Einklang brachte, worin „jeder Beamte oder Agent der Regierung der Post= verwaltung, der bei Unterschlagung oder Erbrechung von Briefen hilf= reiche Hand leistet, mit 16 bis 500 Francs Geldstrafe, mit Gefängniß von 3 Monaten bis zu 5 Jahren und mit Entziehung der Fähigkeit, ein Amt zu bekleiden, auf 5 bis 10 Jahre bedroht wird. Daß neben dieser brutalen Maßregelung des Briefgeheimnisses übrigens noch außer= dem das Schwarze Kabinet arbeitete, unterliegt keinem Zweifel. Die meisten Berichterstatter fremder Blätter in Paris wußten ein Lied davon zu singen. Wir erinnern an den Korrespondentenprozeß von 1853, an die Verurtheilung des Herrn de Flers auf Grund saisirter Briefe, durch die man den Beweis herstellte, daß er der Urheber gewisser Berichte in belgischen und anderen Blättern war — namentlich an ein späteres Gesetz, wonach ein Pariser Korrespondent vor einem französischen Gerichtshofe für Berichte, welche in Brüsseler, Wiener, Frankfurter 2c. Zeitungen erschienen waren, zur Rechenschaft gezogen werden konnte, als ob das

Forum delicti commissi in Frankreich läge. Die Spionage schreckte auch vor der umfangreichsten und geheimsten Verletzung des Brief= geheimnisses nicht zurück, um den Urhebern mißliebiger Berichte auf die Spur zu kommen und ihnen auf allen Schlangenwegen, unter den ver= schiedensten Adressen, die sie für ihre Korrespondenzen wählten, nach= zuspüren. Ebenso bekannt war die Thatsache, daß das cabinet noir stets in Arbeit war, wenn die Legitimisten nach Frohsdorf oder die Orleanisten nach Claremont wallfahrteten. Die beliebteste Methode der Brieferbrechung war das Aufschneiden einer Seite des Konverts mit einem Rasirmesser. Nachdem der durchlesene Brief wieder in das Konvert gesteckt war, wurde die aufgeschnittene Seite mit einer auf= gelösten Papiermasse bestrichen, welche schnell trocknet und nicht die leiseste Spur des Verbrechens zurückläßt. — Dieser zunehmenden Im= moralität der Regierung gegenüber blieb den Regierten nur ein Trost, nämlich der, daß die riesigen Proportionen, in denen der Briefverkehr zunahm, am Ende diesen Kunststücken eine Gränze zog. Da z. B. die Post von Frankreich in einem Jahre schon vor Jahren über 700 Millionen Stück Briefe beförderte, so stand die Spionage zuletzt rathlos vor einer ·physischen Unmöglichkeit, selbst wenn die Briefe noch wie unter Ludwig XI. offen hätten zur Post gegeben werden müssen. —

Louis Napoleon langte sofort nach dem Staatsstreiche zur napo= leonischen Tradition zurück. „Was galt", schreibt ein von Napoleon's III. Regierung Verbannter, „die Verletzung des Briefgeheimnisses einer Re= gierung, die so Vieles verletzt hatte! Ein frecher Einbruch mehr oder weniger, was liegt daran? Wenn man eine Konstitution zerrissen, die Thüren einer Nationalversammlung erbrochen, bei Nacht die Volks= vertreter aus ihren Betten aufgehoben, mit Kanonenschüssen die Häuser eines Boulevards in Grund und Boden geschossen, Paris mit Blut be= sudelt, die Provinzen ausgeplündert hat, sollte man da ein Bedenken haben, einen Briefumschlag zu entsiegeln? Soll man fürchten, gegen Leute indiskret zu sein, die man mit Kartätschen niedergemetzelt hat? Man wird von der Regierung zu Grunde gerichtet, deportirt, aus= getrieben, des Daches, der Familie, der Heimath, des Vermögens, des Glückes beraubt, und diese Regierung sollte ein Bedenken haben, die geheiligte Völker=Korrespondenz zu unterschlagen?" — „Bei einem der zahlreichen Besuche, welche ein Vetter des Dezember=Diktators im Jahre 1852 einigen Gefangenen der Conciergerie machte, erinnere ich mich ganz genau", fährt der Verbannte fort, „die Stimme in den Salons des Palais Royal wiederholt in dem empörten Schrei: Sie haben das Schwarze Kabinet wieder hergestellt! vernommen zu haben. Die Her= stellung des Schwarzen Kabinets, welche die künftige Hoheit in Wuth versetzte, erschien mir, dem künftigen Verbannten, ganz einfach. Einige Monate später, nachdem ich Frankreich verlassen hatte, war ich in den Stand gesetzt, die dem zweiten Kaiserreiche durch dieses Kabinet geleisteten Dienste würdigen zu können. Alle Briefe, die an die Proskribirten ge= langten, trugen die deutlichen Spuren der Neugier der französischen Regierung. Der eine, mit etwas Gummi verklebt, wurde schlecht und recht von vollkommen rein gewaschenen Händen wieder zusammengeleimt.

Ein anderer, durch ein großes Siegel geschützt, war seitwärts auf=
geschnitten. Ein dritter, primitiv mit Wachs gesiegelt, war mit einer
Oblate zugeklebt. Ich sehe noch einen Brief Beranger's mit folgender
Bemerkung in englischer Sprache: Erbrochen im General=Post=Office,
durch einen Bindfaden zusammengehalten."

Die ehrlichen Briefträger jenseits des Kanals waren anfänglich
durch ein solches Vorgehen der kaiserlichen Post skandalisirt; nachgerade
gewöhnten sie sich daran. Dieser briefliche Verkehr hat allerdings auch
Jahre hindurch angedauert. Und jahrelang hat die bonapartistische
Polizei ihre Verbannten in den intimsten Geheimnissen ihres Privat=
lebens ausspionirt.

Auf Grund des schon erwähnten Beschlusses das Kassationshofes
vom 21. November 1853, in dem es hieß, daß die Korrespondenzen,
durch welche Attentate gegen den öffentlichen Frieden, gegen das Eigen=
thum und gegen die Sicherheit der Bürger angezettelt und begangen
werden, nicht in die Klasse derjenigen gehören, die durch das Gesetz
geschützt werden müssen, hat die bonapartistische Polizei nicht abgelassen,
die an die Verbannten adressirten und von diesen geschriebenen Briefe
einer geheimen Auslese zu unterziehen. Und dürfte man sich etwa
wundern, daß seiner Zeit der Briefwechsel des nach Belgien geflüchteten
Verfassers der „Laterne" ganz besonders die Neugierde der französischen
Regierung erregte? Der künftige Seine=Deputirte sagte damals ganz
witzig, das sicherste Mittel, eine Petition an Herrn Vandal gelangen
zu lassen, wäre, diese an Heinrich Rochefort zu adressiren. Zu dieser
witzigen Aeußerung des Seine=Deputirten lieferte seiner Zeit der Ge=
sandte des Kurfürsten von Hessen folgende historische Thatsache: Dieser
Gesandte bediente sich nämlich des Schwarzen Kabinets, um der franzö=
sischen Regierung gewisse Nachrichten, welche er schicklicherweise derselben
nicht mittheilen konnte, zur Kenntniß zu bringen, und zwar schrieb er
an seine Regierung eine Depesche des Inhalts, daß er Dieses oder Jenes
nicht thun dürfte. Diese Depesche übergab er der Post zur Beförderung.
Da nun das Schwarze Kabinet mit seinen Späheraugen am Aller=
wenigsten diplomatische Korrespondenzen verschonte, so kam also der
Inhalt sofort zur Kenntniß der französischen Regierung. Während er
dieses einfache Mittel anwandte, die französische Regierung irre zu
führen, ließ er die wirklich geheimen Nachrichten von anderen deutschen
Kourieren über die Gränze bringen. Der General=Postdirektor Vandal
ging in seinem Feuereifer so weit, daß er mittelst eines besonderen
Zirkulärs verordnete, die unter den Behörden Frankreichs vorkommenden
Korrespondenzen zu kontrolliren, da er auf einen Brief des Grafen
Chambord fahndete. Zum Spott wurde, wie schon erwähnt, dieser
Eifer Vandalismus genannt. — Der in Folge dieses Zirkulärs von der
Presse heftig angegriffene General=Postdirektor Vandal suchte in einer
Vertheidigungsschrift Etienne Arago, welcher 1848 Postdirektor war, zu
beschuldigen, und behauptete, daß dieser im Interesse des Fiskus ähnliche
Maßregeln getroffen hätte. Arago erwiderte dem General=Postdirektor,
er möge das zu jener Zeit erlassene Zirkulär veröffentlichen, woraus zur
Genüge hervorgehe, daß nur die Karten oder sonstige portopflichtige

Gegenstände enthaltenden Briefe nicht an die Adressaten bestellt, vielmehr in deren Gegenwart geöffnet wurden. Den Beamten war übrigens aufs Strengste untersagt, diese Briefe selbst zu lesen. — „Es dürfte somit schwer sein, irgend welche Verwandtschaft zwischen dem Zirkulär von Arago und dem von Vandal anzunehmen. Nichtsdestoweniger versuchte Rouher, wenngleich auch vergeblich, Vandal als gerechtfertigt hinzustellen, behielt ihn auch trotz seines Wunsches, von seinem Amte entbunden zu werden, als General = Postdirektor. Es konnte daher mit Sicherheit angenommen werden, daß sich im Bereiche der Postverwaltung Nichts äußerte. Uebrigens ist das Zirkulär von Vandal, welches so großes Aufsehen erregte, nicht das erste, derselbe erließ vielmehr fünfzehn solcher Zirkuläre an die Postdirektionen. Es wurde allerdings eine strenge Untersuchung unter den Beamten angestellt, um zu erfahren, auf welche Weise der Inhalt dieser Zirkuläre in die Oeffentlichkeit gelangt war; jedoch geschah dieß in so auffallender Art, daß die Presse davon Wind bekam und das Inquisitionsverfahren des großen General=Postdirektors Vandal derartig geißelte, daß von jeder weiteren Untersuchung Abstand genommen werden mußte.

Wie viele das Schwarze Kabinet betreffende Zirkuläre seit 1851, dem Beginn der Kaiserwirthschaft in Frankreich, von den Vorgängern Vandal's erlassen sind, kann mit Bestimmtheit nicht angegeben werden.

Man muß übrigens zum Lobe der französischen Regierung anführen, daß dieselbe am Wenigsten geheimnißvoll bei dem Oeffnen der Briefe zu Werke ging. Vandal beging mithin das große Unrecht, in seiner Vertheidigung dieß nicht anzuführen; vielleicht hätte dieses Geständniß dazu beigetragen, dem französischen Volke den Glauben an das Vorhandensein eines Schwarzen Kabinets, wenn auch nicht vollständig zu nehmen, so doch wankend zu machen. Daß wirklich einige Personen anfingen, an das Nichtvorhandensein eines Schwarzen Kabinets in Frankreich zu glauben, geht aus einem Artikel du Camp's hervor. Am Schlusse dieses Artikels heißt es: „Gibt es zur jetzigen Zeit noch ein Schwarzes Kabinet?" Du Camp selbst antwortet mit „Nein!" Montaigne sagt, „er wisse es nicht;" Rabelais: „Vielleicht!" *)

---

*) Der Herr Verfasser zitirt einen Artikel von Du-Camp, nach welchem es den Anschein haben könnte, als seien die französischen Schriftsteller Montaigne und Rabelais Zeitgenossen Louis Napoleon Bonaparte's gewesen. Deßhalb diene Folgendes zur Erläuterung:

Michel Eyquem de Montaigne lebte 300 Jahre vor Napoleon III. Er wurde den 28. Febr. 1533 im Schlosse Montaigne in Perigord geboren und starb am 13. Sept. 1592.

Franz Rabelais wurde ums Jahr 1495 (nach Andern 1483) geboren und starb ums Jahr 1553. Somit lebte auch er drei Jahrhunderte vor Louis Napoleon Bonaparte und kann sich nicht über das unter dem zweiten französischen Kaiserreiche vorhandene oder nichtvorhandene Schwarze Kabinet geäußert haben.

Was Magin. Du-Camp, den Sohn des berühmten französischen Chirurgen Theodor Joseph Du-Camp, anbetrifft, so war dieser Publizist, der sich hauptsächlich durch seine Reisebeschreibungen bekannt machte, nicht gerade die geeignete Persönlichkeit, um ein unabhängiges Urtheil zu fällen. Nachdem er im Juni 1848 in den Reihen der reaktionären Nationalgarde gegen die aufständischen Arbeiter gekämpft hatte, wurde er, weil er mit Sack und Pack zum Kaiserreiche übergegangen war, am 1. Januar 1853 durch Napoleon III. zum Ritter der Ehrenlegion gemacht.

Bernhard Becker.

Diesen Aeußerungen der drei französischen Gelehrten gegenüber können wir das Bestehen des Schwarzen Kabinets durch folgende That= sachen verbürgen:

„Im Jahre 1865 empfing Baron von Rothschild in Paris per Telegraph von seinem Londoner Hause die Nachricht, daß ein mit Wechseln beladener Brief an seine Adresse abgesandt worden sei. Die Post kam an, nur nicht der Brief für den Banquier der Rue Lafitte. Baron von Rothschild sandte einen seiner Buchhalter zu dem General= Postdirektor Vandal mit der Anfrage, ob ein von London bereits tele= graphisch avisirter Brief angekommen sei. Der Sekretär legte dabei das betreffende Telegramm vor. Anfangs antwortete Vandal, der Brief sei nicht eingegangen. Als aber von Rothschild drohte, Beschwerde bei der britischen Regierung zu erheben, ging Vandal in ein angränzendes Gemach und kam einige Minuten später mit dem vermißten Briefe zurück.“

Ein Korrespondent der „Elberfelder Zeitung“ schreibt im Jahre 1870 vor Beginn des Krieges aus Paris: „Soeben treffe ich in Brüssel ein und will Ihnen rasch vor Postschluß noch ein Lebenszeichen geben. Es war mir nicht möglich, Ihnen von Paris aus zu schreiben, da alle meine Briefe geöffnet oder unterschlagen wurden und man mich auf Schritt und Tritt überwachte. Ich konnte auch nicht von Ihrer Adresse in Brüssel Gebrauch machen. Am Tage nach der Ankunft Ihres Briefes eilte ein höherer Beamter, mit dem ich befreundet, zu mir und warnte mich vor der Benutzung Ihrer Adresse. — Ihr Brief war nämlich geöffnet worden.“

„Wer nur immer, Royalist oder Republikaner,“ schrieb 1869 noch der „Rappel“, „der Feindseligkeit gegen das herrschende Regime ver= dächtig, ist unter die Aufsicht der hohen Polizei gestellt. Diese vor= mundschaftliche Gewalt, die am Ruder ist,“ fährt der „Rappel“ fort, „glaubt ein Recht zu haben, Alles wissen zu müssen, was sich ihre Gegner gegenseitig zu schreiben haben. Alle Präfekten des Reiches können sich, wenn sie es für gut befinden, in Diener der Gerichtspolizei verwandeln und mit einer rohen Aufforderung die verdächtigen Korre= spondenzen in allen Postbureaux in Beschlag nehmen lassen. Es ist richtig,“ ruft der „Rappel“ am Schlusse aus, „Ihr könnt, um Gerechtig= keit gegen solche Willkürmaßregeln zu erlangen, an den Staatsrath rekurriren; beklagt Euch aber einmal über die Mißbräuche im Kaiser= reiche bei den Räthen des Kaisers!“

„Außer den allgemein bekannten Mitteln“, bemerkt der schon er= wähnte Emigrant, „hatte die Regierung, um auf den Grund von Ge= heimnissen ihrer Gegner zu kommen, noch ganz eigene Geheimmittel. Ein Probestück neueren Datums von diesem eigenthümlichen Doppel= gesichte der kaiserlichen Macht liefert uns der Nachmittag des 12. Januar 1870. An jenem traurigen verhängnißvollen Tage, an dem alle Truppen konsignirt waren, übergab ein junger Unteroffizier eines in Paris kaser= nirten Regiments einem Kommissar ein an zwei demokratische Journale adressirtes Schreiben. In diesem Schreiben wurde dem Bedauern von einhundertundachtzehn Soldaten Ausdruck gegeben, nicht dem Leichen=

begängniß des von einem kaiserlichen Prinzen ermordeten Journalisten beiwohnen zu können. Drei Stunden, nachdem dieses Schreiben an seine Adresse abgegeben, und 24 Stunden, bevor es veröffentlicht war, wurde der Unteroffizier verhaftet und in einen unterirdischen Kerker der Kaserne eingesperrt." — Was war in der Intervalle dieser drei Stunden geschehen? — Geheimniß! — Gewiß ist, daß irgend ein Agent der Behörde die für die demokratische Presse bestimmte Sendung erbrochen und deren Urheber denunzirt hat. Der von seinen Kameraden verehrte Unteroffizier wurde am nächsten Morgen freigelassen. Man fing ihn in dem Momente wieder ab, als er sich in Zivilkleidern, die ihm ein Freund geliehen hatte, auf einer südlichen Eisenbahnlinie aus Paris entfernen wollte. Aufs Neue eingekerkert gelang ihm, durch die Unterstützung theilnehmender Freunde, jetzt wieder die Flucht. Schließlich entkam er nach Belgien. In Brüssel pochte er nach mehreren Tagen in Folge einer Eingebung, für die ich ihm dankbar bin, an meine Thür. Es war Freitag, den 21. Januar. Es war Steine zu erweichen. Der unglückliche junge Mann starb fast vor Hunger und Kälte." Man kann sich denken, wie er seitens der Verbannten in Brüssel aufgenommen wurde. Später hat er, Dank der thätigen Vermittelung Boichot's, eine Beschäftigung gefunden, die es ihm möglich machte, geschützt gegen das Elend und eine bonapartistische Partei, zu leben. — „Wer wagt es nach solchen Beispielen noch, zu behaupten, daß das Briefgeheimniß durch die kaiserliche Macht geachtet wurde?"

„Daß ferner auch einige Journale die Unterdrückung des Schwarzen Kabinets gemeldet haben," schrieb der „Rappel" später, „ist eine Naivetät! Von allen Kabinetten," fährt er fort, „das Ihrige mit inbegriffen, Herr Ollivier, ist das Schwarze Kabinet das einzig dauerhafte. Das Schwarze Kabinet ist ein geheimnißvolles uraltes Laboratorium, dessen Schlüssel, ein Vermächtniß Ludwig's XIV. an Napoleon, unter dem Kopfkissen von St. Helena wieder aufgefunden wurde. Es ist ein tiefes, dumpfes Gruftgewölbe, unter dem einzig und allein die Eingeweihten an namenlosen Werken des Despotismus arbeiten. Es ist das unheilvolle Sanctuarium, wo seit achtzehn Jahren Nacht und Grauen des 2. Dezember herrschen. Man wird nur dann das Schwarze Kabinet zerstören können, wenn überhaupt das kaiserliche Gebäude in Trümmer fällt. Bis dahin Geduld!" — Nun, es ist zertrümmert, hoffentlich auch das Schwarze Kabinet!

Zur Zeit der Zertrümmerung des Kaiserreichs — Ende 1870 — brachte die „Gazette de France" noch folgende Note, die ebenfalls das Vorhandensein des Schwarzen Kabinets unwiderleglich beweisen dürfte. Obgleich sie ohne Datum und Ueberschrift ist, so ergibt sich ihre Aechtheit aus Randbemerkungen von der Hand Napoleon's: „Die Briefträger Hennocq, Decisy, Basson, Houdé, Thibault, welche die Straßen Varennes, Celle, Chasse, St. Nicolas, d'Antin, Caumartin, der Chaussée d'Antin bedienen, sind für Geld der geheimen Polizei des Ministeriums des Innern gewonnen, die von Saintomer geleitet wird. Ihr Dienst besteht darin, die Korrespondenz der ihnen bezeichneten Personen abzuliefern. Sie werden dabei von Thürhütern unterstützt, die ebenfalls für die

Einrichtung gewonnen sind. Sie treten bei der Briefvertheilung in die Loge dieser Thürhüter, geben dort ihre etwaigen Briefe ab und holen sie bei der nächsten Vertheilung wieder. Auf diese Weise entgehen sie dem Verdachte; denn sie können zu dem Thürhüter zu kommen haben, um Briefe für die Bewohner des Hauses zu bestellen. Man kennt nicht die Gehülfen der Briefträger auf dem linken Seine-Ufer; die auf dem rechten Seine-Ufer sind die Thürhüter Pierre, Straße Anjou 9, Ortier, ebendaselbst 3, Pinsoh, dito 53, P. Niauz, Straße der Chaussee d'Antin 2. Die von diesen Thürhütern empfangenen Briefe werden meistens zu Wagen zu Saintomer, Straße Las Cases 18, gebracht, der sie öffnet, geeigneten Falles abschreibt und wieder in Ordnung bringt, worauf der Thürhüter sie mitnimmt und dem Briefträger bei der nächsten Vertheilung zurückgibt. Man hat nicht herausbringen können, ob der Briefträger der Avenue d'Antin auch in den Dienst der öffentlichen Sicherheit getreten ist. Wenn man ihn nicht nöthig hatte, so hatte man offenbar die Hülfe der Thürhüter in den Häusern, in denen sich die Personen befanden, deren Korrespondenzen man zu lesen ein Interesse hatte. Im Allgemeinen wurden die Operationen mit Verschwiegenheit und Geschick ausgeführt. Es scheint, daß sie in der Straße Caumartin nicht immer vollständig gelungen sind. Dort veranlaßte eine Frau, deren Korrespondenz man geöffnet hatte, eine Untersuchung, die von Herrn Palestrino selbst geleitet wurde, aber nicht das erwartete Ergebniß hatte." —

Soweit das Schwarze Kabinet in Frankreich. Wir haben schon Eingangs unserer Schilderung gesehen, daß selbst Herr Gambetta es nicht verschmähte, sich des Schwarzen Kabinets zu bedienen, und haben uns über die Behandlung des Briefgeheimnisses seitens der Kommune ausgesprochen; gehen wir nun zu den Schwarzen Kabinetten anderer Staaten über. Frankreichs Schwarzes Kabinet wurde übrigens von den Schwarzen Kabinetten anderer Staaten ziemlich erreicht, von Oesterreich und Rußland fast übertroffen. Wenden wir uns darum zunächst der Geschichte des Schwarzen Kabinets in Oesterreich zu.

II.

Das Schwarze Kabinet in Oesterreich.

Um den Charakter und die allgemeine Tendenz der österreichischen Politik kennen zu lernen, genügt es fast, zu erfahren, wie in jenem Reiche die Post verwaltet wurde.

Dort verübte man Betrügereien, wie sie kaum die reichste Phantasie erfinden kann; die Geschicklichkeit der Hand, die Chemie, Mechanik, die Kunst des Fälschers spielten gleichzeitig eine Rolle.

Man öffnete die Briefe, schrieb sie ab und unterschob perfide Schreiben, in denen Handschrift, Schreibweise und Ueberschrift des Absenders mit wunderbarer Kunst nachgeahmt war.

Oesterreichs Brief-Inquisition reicht bis zum Anfang des 16. Jahrhunderts zurück.

Maximilian I. wendete sie an, um die Anschläge der Flamänder und Mailänder, sowie die Ränke der deutschen Fürsten kennen zu lernen. Karl V. erspähte auf diese Weise fast alle Verabredungen der protestantischen Stände. Philipp, Landgraf von Hessen, der davon Nichts ahnte, hatte seinen Briefwechsel mit den Reichsständen, in dem er in beschimpfenden Ausdrücken vom Kaiser sprach, schwer zu büßen.

Zur Zeit des Schmalkaldischen Bundes wurde die Kunst, die Briefe aufzufangen, zu öffnen und wieder zu versiegeln, von den Jesuiten und Spaniern bedeutend vervollkommnet und fand nun eine unbegränzte Anwendung. Als der Mannesstamm der Jagellonen 1572 durch den Tod Sigismund August's erlosch und Maximilian II. nach der Krone Polens trachtete, da erhielt der deutsche Ober-Postmeister den Befehl, den Botschafter des Papstes, Kardinal Maroni, bei dem man eine schlechte Gesinnung gegen den deutschen Monarchen voraussetzte, unterwegs zu verhaften. Man nahm ihn wirklich, und zwar auf ziemlich rohe Weise, gefangen und bemächtigte sich seiner Papiere, welche den Kaiser wenig erbauten. Selbst der Briefwechsel der kaiserlichen Feldherren wurde wenig geachtet. Unter Rudolph II. beklagte sich der General Lazarus Schwendi, der bei Hofe in großer Gunst stand, daß der Postmeister Viehhauser seine Briefe behielte oder erbräche. Wallenstein, der ähnliche Manöver fürchtete, war vorsichtig genug, niemals Etwas zu schreiben, was ihn bloßstellen konnte. Unter Kaiser Leopold wurde die Sache in ein System gebracht. Regelmäßig erbrach und unterdrückte man erforderlichen Falles die Briefe, die das Publikum der Ehrlichkeit der Verwaltung anvertraute. Auf diese Weise erhielt das Wiener Kabinet über die Politik Frankreichs, des deutschen Reiches und der deutschen Fürsten, wie über die ungarischen Angelegenheiten eine Menge kostbarer Nachweise. Während des spanischen Erbfolgekrieges und während der Ränke, die den Wahlen für den polnischen und für den schwedischen Thron vorangingen, waren ihm diese systematischen Unterschlagungen von großem Nutzen. Das Privilegium, welches dem Hause Thurn und Taxis hinsichtlich der Briefbeförderung verliehen war, erleichterte diese Briefspionage und Unterschlagung bedeutend. Von Ostende bis Hermannstadt, von der Ostsee bis Triest sprengten seine Kouriere Tag und Nacht dahin. Oesterreich war es, welches das große Glück dieses Hauses begründet hatte und Kaiser Ferdinand II. war es, der es während des dreißigjährigen Krieges in den Grafenstand erhoben hatte, aus dem es bald zum Fürstenstande aufstieg. Diese Familie war daher den Habsburgern treu ergeben und von Herzen gut österreichisch.

Graf Franz von Thurn und Taxis gilt für den Ersten, der im Jahre 1500 den Plan eines allgemeinen Postendienstes entworfen hatte.*)

---

*) Roger I. von Thurn und Taxis, der Vater von Franz, war es, welcher in Tyrol zuerst eine den Namen Post führende Anstalt errichtete. Franz von Thurn und Taxis führte 1516 auf den Wunsch des deutschen Kaisers Maximilian I. eine Reitpost von Brüssel nach Wien ein. Bernhard Becker.

Sein Sohn, Johann Baptist, entwickelte des Vaters Entwürfe weiter und richtete 1516, mit Genehmigung des Kaisers Maximilian, einen Dienst zwischen Brüssel und Wien ein, der von großer Wichtigkeit war, weil der Monarch, außer Oesterreich, auch die Niederlande besaß. Am 18. Oktober 1518 unterzeichnete Karl V. eine Urkunde, welche Johann Baptist zum Ober-Postmeister in den Niederlanden ernannte.

Im Jahre 1543 richtete Leonhard, der Sohn dieses Mannes, eine zweite Linie ein, die von den Niederlanden über Lüttich, Trier, Augsburg, Schwaben und Thyrol nach Italien ging. *)

Der Aufstand der Vereinigten Niederlande gegen Spanien hinderte den Postenumlauf, und die Familie Thurn und Taxis erlitt bei ihren Anstrengungen, ihn im Gange zu erhalten, so bedeutende Verluste, daß sie in Schulden gerieth. Leonhard jedoch ließ sich nicht niederbeugen. Er nahm offen für Philipp II. Partei und unterstützte ihn mit solcher Beharrlichkeit, daß der dankbare Kaiser ihm den Wappenspruch: „Beständig treu!" gab. Er beabsichtigte, dadurch das ganze Haus in seiner knechtischen Gesinnung zu erhalten und hat diesen Zweck auch erreicht.

Rudolph II. ernannte am 16. Juni 1595 Leonhard Taxis zum Ober-Postmeister im ganzen Reiche, und die Post erhielt nun den Namen einer kaiserlichen. Zehn Jahre später wurde der alte Heuchler in den Freiherrenstand erhoben. Er endete sein Leben und seine Unterschlagungen in einem Alter von 90 Jahren im Jahre 1612.

Matthias und Ferdinand II. bewilligten seinem Sohne, Lamoral, die Erblichkeit seines Amtes für alle seine Nachkommen beiderlei Geschlechtes; 1621 erhob ihn Ferdinand in den Grafenstand.

Lamoral richtete zwei neue Linien für Briefposten ein, von denen die eine von Frankfurt a. M. nach Leipzig, Hamburg, Nürnberg, Prag und Wien ging, die andere die Alpen überschritt. Die allmähliche Ausdehnung machte das Unternehmen immer einträglicher. Es brachte jedes Jahr eine Million Gulden ein, ein Einkommen, das noch heutzutage beträchtlich ist, damals aber ein königliches Vermögen ausmachte. Ein Haus, welches so einträgliche Privilegien besaß, konnte sich leicht die höchsten Ehren verschaffen. 1682 wurde Eugen Alexander zum spanischen Granden ernannt und 1686 in den Fürstenstand erhoben, nachdem er zuvor mit der Herrschaft Doraine la Comté im Hennegau, zwischen Mons und Brüssel, beschenkt worden war. Die Familie führte nun in der Hauptstadt Brabants, wo sie ein prächtiges Schloß besaß, ein prunkvolles Leben und empfing alle Berühmtheiten des Landes wie alle ausgezeichneten Fremden.

---

*) Im Jahre 1545 wurde Leonhard von Thurn und Taxis von Karl V. in dessen Eigenschaft als Herzog von Burgund sowohl zum niederländischen als auch zum Reichs-Oberpostmeister installirt und im Jahre 1595 zum General-Postmeister des Kaisers. Karl V., geboren am 24. Februar 1500 zu Gent, trat in die Regierung der Niederlande 1516 ein; zum deutschen Kaiser wurde er am 22. Oktober 1520 in Aachen gekrönt. — Hartmann sagt in seiner Entwickelungsgeschichte der Posten: Franz von Taxis ward von Kaiser Karl V. im Jahre 1536 zwar auch zum General Postmeister ernannt, starb aber sehr bald, und so gingen Amt und Würde auf Johann Baptistens vierten Sohn, Leonhard von Taxis, über.

Man hat berechnet, daß das Haus Thurn und Taxis im 18. Jahrhundert jeden Tag 20,000 Livres verdiente, was einen Reingewinn von 4 Millionen pro Jahr ergibt, obgleich die Post, die nicht bloß Briefe, sondern auch Reisende beförderte, 20,000 Bedienstete und noch mehr Pferde brauchte. Wo die bevorzugte Familie herrschte, durfte Niemand Posten einrichten.

In Deutschland besaß sie eine Menge von Häusern, Schlössern und Gütern. In Frankfurt a. M. gehörte ihr der Palast, in welchem einst der deutsche Bundestag, traurigen Andenkens, seine Sitzungen abhielt.

In Schwaben kaufte sie die Herrschaften Scheer und Friedeberg an der Donau um den Preis von 4,500,000 Francs. Die meiste Freude scheint ihr die Erwerbung von St. Emmeran bei Regensburg gemacht zu haben. Alexander Ferdinand von Thurn und Taxis, geboren 1704, verlebte jeden Winter in dieser großen und berühmten Abtei. Dieser Fürst Alexander Ferdinand war der erste Gesandte des Kaisers beim Reichstag von Regensburg. Seine ungeheuren Reichthümer erlaubten ihm eine glänzende Repräsentation. Er hielt offene Tafel, gab große Bälle, ließ Komödie spielen, Feuerwerke abbrennen, veranstaltete auf seinen Besitzungen große Hetzjagden und dergleichen mehr. In seiner Kapelle befanden sich die ersten Musiker Deutschlands. Ein Heer von Bedienten, Reitknechten und Läufern bevölkerte die Abtei und — ihre Nebengebäude.

Die Konzerte waren öffentlich. Eine Menge von Verschönerungen, die der Fremde in und um Regensburg bewundert, verdankt man der Familie Thurn und Taxis. Sie hatte das Stadttheater gemiethet und überließ es den Schauspielern umsonst.

Fürst Alexander war eine Zeit lang die Stütze Karl's VII. und zahlte alle Ausgaben desselben, während der unglückliche Kaiser in Frankfurt a. M. lebte, nachdem ihn die Oesterreicher aus Baiern vertrieben hatten. — Obgleich das Haus Habsburg die Familie von Thurn und Taxis erhoben, gestützt, zu Fürsten gemacht und ihnen das Postmonopol im Reiche verliehen hatte, so bewilligte es ihr im eigenen Staate doch diese Gunst nicht. Es gab mit der einen Hand und versagte mit der anderen. Geschah dieß aus Mißtrauen? Fürchtete es, daß die Familie zu mächtig würde, und daß es selbst von ihr abhängig werden könnte? Es läßt sich das annehmen.

Oesterreich wollte seinen eigenen Postdienst haben, den man nicht zu seinem Nachtheil mißbrauchen könne. Es beauftragte das gräfliche Haus Paar, auf den inneren Straßen des Landes Posten einzurichten.

Das Haus Paar stammte aus Bergamo; es verdankte sein großes Glück dem Schutze Ferdinand's II., der ihm 1624 die Beförderung von Briefen und Depeschen auf dem Boden der Monarchie anvertraute. Da seine Kouriere nicht über die Gränze des Landes gingen, so blieben der Direktor und seine Beamten der Aufsicht der Regierung unterworfen. Die Thür des Schwarzen Kabinets war ihnen verschlossen. Diese öffnete sich allein den Fürsten von Thurn und Taxis, welche die in jenem Kabinet stattfindenden Arbeiten zu leiten hatten; man nahm ihnen

daher den ehrenhaften Theil des Dienstes und ließ ihnen den schimpf=
lichen.

Einer ihrer Beamten arbeitete im Schwarzen Kabinet von Wien.
Diese große Werkstätte der List stand mit den übrigen, welche das Haus
Thurn und Taxis, Oesterreich zu Gefallen, überall geschaffen hatte, in
inniger Verbindung. In den Mittelpunkten des Verkehrs, an den
wichtigsten Punkten der deutschen Straßen bestanden geheimnißvolle An=
stalten, die man Brieflogen nannte. Die wichtigsten befanden sich in
Frankfurt a. M., Regensburg, Augsburg, Nürnberg, Eisenach, in den
Hansastädten und in den Residenzen der geistlichen Kurfürsten.

Sobald die Briefe ankamen, wurden die wichtigsten aus dem
Beutel genommen, geöffnet und nach Abschrift des Inhalts wieder ver=
siegelt. Dieß Geschäft der Spionage und der Fälschung wurde nur zu
Gunsten der Habsburger betrieben. Selbstverständlich belohnten diese
die Arbeiter (Logisten) reichlich und bewiesen ihnen ein großes Ver=
trauen. Sie stachelten ihren Eifer und erkauften sich ihr Schweigen.
Um diesen Zweck besser zu erreichen, ließ man diese wenig ehrenvolle
Beschäftigung vom Vater auf den Sohn übergehen. Die Erben übten
sich von Jugend auf in den Handgriffen ihres Amtes. Die Familie
Eberl war von Rudolph II. bis Joseph II. thätig; sie wohnte in
Stockerau an der Donau, nördlich von Wien. Ein Eberl, Lucas, der
zweite des Namens und Kourier, führte gewisse Aufträge der zartesten
Natur so glücklich aus, daß man ihn zum Postmeister ernannte,
Matthias II. adelte ihn sogar im Jahre 1612. Einer seiner Nach=
kommen, der Postmeister Franz Eberl, führte das polnische Heer und
die Reichstruppen durch den Wiener Wald und durch das Gebirge des
Kahlenberges zu der Stelle, wo Franz von Lothringen lagerte. Noch
1790 besaß die Familie Eberl die Loge von Stockerau. Diese geheimen
Agenten Oesterreichs bildeten nach und nach eine Aristokratie zweiten
Ranges. Viele wurden geadelt, wie die Appelmann, Eggerde, Guggen=
berger und Pollauer. Andere wurden Freiherren, wieder Andere in
den Grafenstand erhoben; ihre Söhne und Neffen traten in das diplo=
matische Korps. Die Freiherren Lillien, Kurzrock, die Treuenfeld und
Westerhold machten auf diese Weise ihren Weg.

Den deutschen Fürsten konnte es auf die Dauer nicht verborgen
bleiben, wie man die Briefe auf der Post behandelte. Sie lernten all=
mählich das System des kaiserlichen Hauses kennen und begannen bald
auf eigene Rechnung davon Gebrauch zu machen. Brandenburg, Han=
nover, Kursachsen und Mecklenburg nahmen der Familie Thurn und
Taxis ihr Vorrecht auf ihren Gebieten und richteten auch Logen ein,
in welchen nunmehr auch ihrerseits das Briefgeheimniß verletzt wurde,
so daß in ganz Deutschland ein Wetteifer an Unehrlichkeit stattfand.

Wie schon Eingangs erwähnt, begünstigte ganz besonders August
der Starke von Sachsen dieses unsaubere Gewerbe, welches sein Sohn
durch seinen Minister Brühl zur Vollendung brachte. Friedrich der
Große rächte sich an seinen Feinden, indem er ihnen mit Hülfe des
Kanzleibeamten Moczeleine Schlingen gleicher Art legte. Die anderen
Fürsten ahmten einem solchen Beispiele nach. Baiern mußte die Er=

öffnung der Briefe sehr geschickt zu betreiben. Die oberste Leitung der Posten wurde häufig einem Diplomaten anvertraut und ebenso häufig bildeten sich die Postmeister zu Diplomaten aus.

Oesterreich hatte im Betrügen eine solche Routine erlangt, daß es darin eine unbestreitbare Ueberlegenheit behauptete. Friedrich der Große erfuhr nie, daß Fürst Kaunitz seine Depeschen früher las, als sein Gesandter in Wien. Sie waren ebenso wie die französischen in Chiffern geschrieben, aber das Wiener Kabinet besaß den Schlüssel dieser räthselhaften Charaktere seit langer Zeit. Joseph von Beer, österreichischer Polizeidirektor und Hofrath, ein Mann, der selbst in Beziehung auf Geldausgaben die ausgedehntesten Vollmachten besaß, hatte — mit Ausnahme zweier — alle Kouriere des Berliner Kabinets bestochen. Die ungetreuen Boten erhielten Summen, welche sie vor Mangel schützten.

An der böhmischen Gränze war ein Haus an einem Orte und in einer Weise erbaut worden, wie es den Zwecken des Schwarzen Kabinets entsprach. Bloß die Vertrauten der Verwaltung hatten dort Zutritt und mehrere wohnten darin. Sie erwarteten den Kourier von Berlin, ließen ihn in ihren eigenen Wagen steigen, öffneten sein Felleisen, während die Pferde im raschesten Laufe dahinsprengten, entsiegelten die Depeschen unmerklich, lasen sie und schrieben die wichtigsten Stellen ab. An gewissen Orten hielt der Wagen, immer aber nur einige Minuten. War die Arbeit beendet, so versiegelte man die Briefe wieder und schloß das Felleisen. Diese Manipulation erforderte die vollendetste Geschicklichkeit. Vor Langengersdorf, der letzten Poststation auf der Straße nach Wien, befand sich ein geheimnißvolles Haus; dort trennten sich die Biedermänner und jeder eilte seinem Ziele zu. Drei Stunden später nahm der preußische Gesandte seine Depeschen in Empfang, deren Abschrift sich bereits in den Händen des Kaunitz befand. Ein Flügel der Hofburg in Wien, die sogenannte Stallburg, diente dort den in geheimnißvolles Dunkel gehüllten Arbeiten der Brief-Inquisition.

Hauptsächlich waren es Neapolitaner und Franzosen, die man zu dem sauberen Geschäfte benutzte, weil man ihre höhere Geschicklichkeit und Verschmitztheit aus Erfahrung kannte. Sie betrieben ihr Gewerbe denn auch mit dem vollendetsten Talent. Nicht genug, daß sie die Briefe mit einer ganz erstaunlichen Gewandtheit öffneten und wieder versiegelten, ahmten sie auch die Schriftzüge nach, schrieben falsche Briefe, gaben falsche Rathschläge und betrogen Absender und Empfänger auf das Schändlichste. Ihre Arbeit erforderte übrigens eine so große Anspannung des Geistes, soviel Sorgfalt und Geschwindigkeit, daß mehrere dadurch den Verstand verloren. Man bezahlte sie so gut, daß sie mit ihren Familien in Ueberfluß leben konnten; aber man behandelte sie mehr als Staatsgefangene, wie als Beamte. Die Polizei verlor sie nie aus dem Auge, sie mußte genau, wie sie lebten, wieviel sie ausgaben, welche Erholungen sie sich gönnten, wer ihre Verwandten und wer ihr Umgang war, wer sie und ihre Kinder besuchte. Man zwang sie, mit den Beamten der Kanzlei und des kaiserlichen Kabinets eine abgeschlossene Gesellschaft zu bilden. Fremde, besonders Diplomaten, die sich in diesen Kreis einschleichen wollten, wurden so brutal daraus entfernt, daß sie den Versuch

nicht wiederholten. Jeden Morgen fand der Kaiser auf seinem Schreib=
tische einen Rapport darüber, was Jeder von ihnen Tags zuvor gemacht
hatte. Sie waren unfreier fast, als Soldaten und Mönche.

So groß übrigens ihre Geschicklichkeit auch war und so streng sie
auch überwacht wurden, so kamen doch von Zeit zu Zeit einige Verstöße
vor, die Aufsehen erregten und Beschuldigungen hervorriefen; 1762 fiel
der Briefwechsel Preußens und Rußlands über Polen und den Türken=
krieg einem höheren Beamten zu Mainz in die Hände. Der preußische
Geschäftsträger von Dietz wurde davon unterrichtet, und da er heftiger
Gemüthsart war, so ließ er seinem Unwillen freien Lauf.

Karl VI. nahm der Familie Paar die Oberleitung der österreichi=
schen Posten, die er dem Staate zuwenden wollte, auf eine höchst listige
Weise. Er fragte nämlich eines Tages den Leiter dieses Unternehmens,
was ihm dasselbe jährlich einbringe. Da der Graf keine Hinterlist
ahnte und sich nicht den Anschein geben wollte, als ob er ein ungeheures
Einkommen bezöge, so antwortete er: „60,000 Gulden.“ Der Kaiser
nahm ihn beim Worte. „Ich gebe Ihnen 66,000 Gulden mehr,“ sagte
er, „lasse Ihnen Ihren Titel, Ihre Wohnung im Postgebäude und das
Recht, die Hauptbeamten zu ernennen; ich gebe Ihnen ferner einen
Antheil an dem Gewinne, den die Extraposten gewähren und andere
Vortheile mehr; aber die Post darf Ihnen nicht ferner gehören.“

Einem solchen Anerbieten von einer solchen Seite konnte der Graf
seine Zustimmung, so gern er's auch mochte, nicht versagen, und der
Staat brauchte dieß nicht zu bereuen, denn schon unter Maria Theresia
lieferte die Post eine jährliche Einnahme von 200,000 Gulden.

Joseph und Leopold schafften die Schwarzen Kabinette nicht ab,
sie benutzten sie vielmehr dazu, die Ränke der Reaktion kennen zu lernen
und ihre Pläne zu vereiteln. Erst die vernichtenden Niederlagen von
Ulm und Austerlitz setzten den Brieferbrechungen des Hauses von Thurn
und Taxis ein Ziel. Während der Besetzung Wiens durch die Franzosen,
die vom 15. November 1805 bis zum 13. Januar 1806 dauerte, war
die geheimnißvolle Werkstätte der Stallburg eine der ersten Merkwürdig=
keiten, die der Fürst Talleyrand sehen wollte. Die Gräfin Rombeck, eine
Schwester des Grafen Cobenzl, führte ihn mehrmals darin umher. —

Das Jahr 1814 gab dem Hause Thurn und Taxis sein gefähr=
liches Monopol zurück, *) und die österreichische Regierung beeilte sich,
ihre alten Manöver mit neuen Kräften wieder zu beginnen.

Vergebens warnten Hannover und Sachsen die Fürsten des deut=
schen Bundes; man nahm auf ihre Noten einfach keine Rücksicht. Nur
Baiern zog Nutzen davon. Die Fürsten zweiten Ranges führten die
alten Betrüger im Triumphe in ihr Eigenthum zurück. Der Herzog
von Weimar gab das Beispiel dazu und entwickelte einen Eifer, der
Metternich ein Lächeln abnöthigte. Auf dem Kongreß zu Wien wurde
die Familie Thurn und Taxis mit ganz besonderem Wohlwollen be=
handelt. Sie hatte während des Feldzuges von 1814 die Anstrengungen

---

*) Am Ende des Jahres 1810 hatte es auf dem Boden des vormaligen
deutschen Reichs nicht weniger als 31 verschiedene Postverwaltungen gegeben.

der Verbündeten sehr gewandt unterstützt. Mit Hülfe ihrer Verbindungen, ihres unermeßlichen Reichthums und ihres Ansehens richtete sie den Postdienst in dem Maße ein, als die Truppen der Verbündeten Boden gewannen. Mit derselben Schnelligkeit handelte sie westlich vom Rhein, so daß die Verbündeten beim Einrücken nach Frankreich sofort den Vortheil einer schnellen und sichern Postverbindung erhielten. Dieser Eifer forderte Belohnung und die Sieger gewährten sie gern. Das Monopol, von dem das Haus Thurn und Taxis wieder Besitz genommen hatte, wurde nicht bloß bestätigt, sondern der Familie auch eine Entschädigung für den Theil ihres alten Gebietes, den sie verlor, gewährt.

Baiern, das seine Briefe künftig selbst befördern wollte, entschädigte die Familie durch die Herrschaft Donaustauf in der Nähe von Regensburg. Für die Rheinprovinz, die Preußen ihr nahm, erhielt sie in der Provinz Posen die große Herrschaft Krotoschin mit 30,000 Einwohnern (1819). Das Königreich Würtemberg, das sie bis 1851 behielt, die sächsischen Herzogthümer, das Herzogthum Nassau, die Fürstenthümer Schwarzburg, Reuß ꝛc. überließen ihr ihren Postdienst gegen unbedeutende Pachtsummen. Trotz aller erlittenen Verluste erstreckte sich noch im Jahre 1848 ihr Monopol auf ein Gebiet von 2675 Quadratmeilen, fast den vierten Theil von Deutschland, und trug ihr dasselbe jährlich eine Million Gulden ein. —

Nach den Befreiungskriegen wurden also die Brieflogen fast überall wieder eingeführt und mit Instrumenten und chemischen Mitteln, welche die moderne Wissenschaft lieferte, versehen. Sie glichen weniger Postämtern, als Laboratorien. Das Frankfurter und das Eisenacher wurden für die Liberalen zu einem verhängnißvollen Mittelpunkte der Ausspähung. In Wien aber arbeitete die Hauptmaschine und dort wurden die furchtbarsten Schlingen gesponnen. Abends Schlag 7 Uhr schloß sich die Postanstalt und die Briefwagen schienen abzufahren. Sie begaben sich aber in einen Hof des kaiserlichen Palastes, woselbst schwere Thore sich sogleich hinter ihnen schlossen. Dort befand sich das Schwarze Kabinet, die Stallburg.

Da öffnete man die Briefbeutel, sortirte die Briefe und legte diejenigen bei Seite, welche von Gesandten, Banquiers und einflußreichen Personen kamen. Der Briefwechsel mit dem Auslande zog meist ganz besondere Aufmerksamkeit auf sich. Die Siegel wurden abgelöst, die wichtigsten Stellen kopirt und die Briefe mit teuflischer Geschicklichkeit wieder verschlossen.

So groß übrigens die Gewandtheit der zahlreichen Beamten auch war, so verging doch immer eine geraume Zeit und man wurde vor 11 Uhr Abends, häufig sogar vor 1 Uhr Morgens nicht fertig. Dann erst fuhren die Wagen im Dunkel der Nacht von bannen.

Wie viel Unglückliche mögen die Opfer dieses Verfahrens geworden sein. Wie viele mögen einige unvorsichtige Zeilen durch Stockprügel oder im Kerker gebüßt und ihre Familien nie wieder gesehen haben! Man wird es nie erfahren. Der Metternich'schen Politik war das Leben der Menschen ebenso wenig werth, wie die Moral. Das Schwarze

Kabinet ging mit der geheimen Polizei Hand in Hand. Es half ihr
Verschwörer entdecken und die Meinungen, wie die Parteien überwachen.

Die Wiener und die französischen Briefspione unterstützten sich
unter einander, namentlich unter Villèle, der diese Manöver sehr liebte.
Dieser französische Diplomat unterstützte Oesterreich bei dessen geheimen
Nachforschungen mit Eifer. Ganz besonders richtete sich die Aufmerk=
samkeit der Vertrauten auf die Freimaurerlogen: die falschen Brüder
verloren kein Wort, welches dort gesprochen wurde, und die kleinste
Unvorsichtigkeit hatte oft die traurigsten Folgen. Villèle ließ der öster=
reichischen Regierung ein ganzes Geschwader von Ausforschern, die in
Rom, Florenz, Neapel, Padua, Ferrara, Lucca, Turin, Venedig und
Mailand thätig waren. —

Wie vor der französischen Invasion, so fand Kaiser Franz auch
noch 1814 jeden Morgen den Bericht des Schwarzen Kabinets und den
der geheimen Polizei auf seinem Schreibtische vor. Nach dem Aufstehen
hörte er zuerst die Messe, welche bis 7 Uhr dauerte. Sobald diese
Zeremonie beendet war, beeilte er sich, die anklagenden Blätter zu lesen.
Die galanten Abenteuer der Diplomaten, die Ereignisse in verdächtigen
Häusern, die Hauptstellen wichtiger Briefe fand er da verzeichnet. Man
vergaß Nichts, denn der Kaiser liebte die Klatschereien; sie bildeten
seine Hauptunterhaltung. Wenn ihm die Einzelheiten nicht recht klar
waren, oder nicht zahlreich genug, so ließ er die Polizeibeamten selbst
kommen und forderte von ihnen Erläuterungen. Während die ersten
Personen der Monarchie kaum eine Audienz erlangten, fand Jeder, der
dem Kaiser eine gewürzte Anekdote vortragen konnte, sofort Aufnahme.
Um seinen Geschmack an solchen Dingen zu befriedigen, bewilligte der
Kaiser selbst an dritten Orten Zusammenkünfte.

Die ganze schwarze Magie verschlang ungeheure Summen, denn
man mußte das erforderliche Personal ganz tüchtig bezahlen. Die
österreichischen Finanzen, deren Zustand gar manche Abhülfe nöthig
machte, litten darunter; aber verschiedene Leute machten dabei ihre
Rechnung. Ein berühmter Staatsmann und ein großes Bankhaus be=
nutzten das Schwarze Kabinet, die Postverwaltung und die geheime
Polizei, um an der Börse mit sicherem Erfolg zu spielen.*) Als 1828
der Krieg zwischen Rußland und der Pforte drohte, erwarteten die
Vertrauten des Ministers den türkischen Kourier in Fischamend, der
zweiten Poststation von Wien nach Konstantinopel, bestachen ihn, daß
er seine Reise verzögere, kamen zwei bis drei Tage früher in Wien an,
als er und brachten den Börsenspielern frische und zuverlässige Nach=
richten, von denen diese bald einen ungeheuren Vortheil zogen. —

Die Postämter in den böhmischen Bädern waren in den zwanziger
Jahren durchweg Filialen des Schwarzen Kabinets und oft nur An=
stalten zur Mißachtung des Briefgeheimnisses.

Von einem dieser Postmeister (Logisten) wird eine köstliche Anekdote
noch heute erzählt:

---

*) Aehnliches hat man später versucht, indem man Telegraphenbeamte
bestach, das Depeschengeheimniß zu brechen.

Lebte da in einem Bade ein gar übereifriger Postgewaltiger, jeder Zoll ein Metternich'scher Beamter, dessen zottige, noch von keinem Orden bedeckte Hochbrust schwarzgelber Patriotismus wie keinem Zweiten schwellte, und der von seiner Amtsthätigkeit die Ruhe Europa's abhängig wähnte. Dazu wurde er in seinem geheimen Amtspatriotismus von einer edeln Gattin unterstützt; ihre zarten Finger lösten die fremden Siegel und ihre scharfen Augen prüften mit hochnothpeinlichem kritischen Verständniß den Inhalt der Briefe, wobei sie sich mehr auf die Entschleierung der belikatesten Privatgeheimnisse verlegte, während der ärarische Gatte nach hohen Staatsaktionen schürfte.

Graf E......, der ungarische Magnat, der zur Opposition im Pester Landtage gehörte, hatte im vertrauten Kreise schon längst die Vermuthung ausgesprochen, daß auch seine Briefe, obgleich er mit dem allmächtigen Staatskanzler verschwägert war, erst die Quarantaine des Postmeisters passiren müßten, bevor sie in seine Hände gelangten.

Es galt eine Wette.

Da trifft eines Tages auf dem Postamte für den Grafen E...... ein voluminöser Brief ein, auf dessen Adresse mit mysteriöser Vorsorglichkeit und in rother Tintenschrift ausdrücklich angeordnet ist: „Nur eigenhändig zu übergeben!"

Die Spürnase des Postmeisters wittert sofort revolutionäre Morgenluft. Nur eigenhändig und dazu noch rothe Tinte, das gilt wenigstens eine Staatsumwälzung! Auf eigene Faust, ohne erst den Befehl seines Prager Vorgesetzten abzuwarten, öffnet er den Brief des Grafen E...... Der Postmeister fühlt sich bereits als Retter der Gesellschaft, ein Stern leuchtet in seinen Träumen von dem krebsrothen Postfrack, eine Gehaltszulage ist ihm gewiß.

Wer malt aber den Schrecken unseres Logisten, unseres Beherrschers aller Postpferde, als er das P. S. (Post scriptum, Nachschrift) des ihm ganz unverständlichen Briefes erschaut, wo es heißt: Apropos, noch eine lokale Neuigkeit für Dich; Euer Postmeister wird als unbrauchbar pensionirt; das Aktenstück liegt schon beim Hofrath K. in Prag, der noch scherzend sagte: Der Postmeister in — Bad ist unter allen seinen Rossen das größte. . . .

Fünf Minuten später nahm der Postmeister Extrapost und jagte gen Prag. Noch staubbedeckt, gegen alle Subordination, stürzte er in das Bureau des Hofraths K...., der in den weitesten Kreisen als Grobian sich eines unbestrittenen Rufes erfreute, und beschwört ihn, die Pensionirung rückgängig zu machen.

Der Hofrath ist vor Allem grob, dann erstaunt, dann wieder grob und verhagelt den Postmeister, der es gewagt, ohne Urlaub seinen Posten zu verlassen und Briefe an Personen zu öffnen, die ihm nicht signalisirt sind: er sei ein Esel und Niemand habe an seine Pensionirung gedacht; denn er sei im Grunde genommen ein ganz tüchtiger Beamter.

Der Postmeister schwankte jahrelang wie eine geknickte Lilie umher und jahrelang konnte er nicht einmal den blauen Himmel ohne Frösteln anschauen, der ihm nur wie ein riesiger blaugrauer Pensionsbogen erschien. —

Das Haus Thurn und Taxis ist übrigens, wie schon erwähnt, durch sein Gewerbe nicht ärmer geworden, wenn es auch durch die Ereignisse des Jahres 1866 sein Postmonopol da, wo es dasselbe noch in Deutschland ausübte, für alle Zeiten gegen eine angemessene Entschädigung verlor. Eine einzige seiner Besitzungen, Chotieschau in Böhmen, wird von 50,000 Bauern bearbeitet. 40,000 Menschen bewohnen sein Lehen Leutomischel, das 1855 erworben wurde. Seine Güter bilden ein Gebiet von beinahe 86 Geviertstunden, auf dem über 160,000 Menschen wohnen. Die Hauptverwaltung dieses Besitzes befindet sich in Buchau in Würtemberg und ist wie ein Ministerium organisirt. Das Personal besteht aus einem Direktor, einem zweiten Vorsteher, sieben Räthen und einem Regiment von Schreibern. —

* * *

Bevor wir uns dem Schwarzen Kabinet in Rußland zuwenden, können wir noch einige Bemerkungen nicht unterdrücken.

Wie patriotisch sich der Amtsmißbrauch des Brieferöffnens in manchen Kleinstaaten breit machte, zeigt das Beispiel Hannovers. Dort war es unter der englischen Dynastie Gesetz, daß jeder Graveur von jedem Petschaft, das er stach, ein Pflichtexemplar hinterlegen mußte — angeblich, damit die Behörde untersuchen könne, ob in den eingegrabenen Wappen oder Initialen nicht auch einige Regierungs=Insignien enthalten seien, zu dessen Führungen der Private kein Recht habe; in Wahrheit natürlich, damit das Schwarze Kabinet für vorkommende Fälle gleich gerüstet war und nicht erst die Mühe hatte, sich selber die zum Brieföffnen erforderlichen Utensilien anzuschaffen.

Von den Fällen, wo die Staatsweisen zu den rohesten Mitteln griffen, um hinter politische Geheimnisse zu kommen, ist der berüchtigtste der Rastatter Gesandtenmord. Die österreichische Regierung ließ nämlich die frechen französischen Gesandten, welche am 28. April 1799 vom Kongreß zu Rastatt abreisten, durch Szekler=Husaren überfallen, ihrer Papiere berauben und (bis auf einen, welcher entrann) tobtschlagen.

Die damaligen Lenker des Wiener Kabinets, Thugut und Lehrbach, suchten nämlich hinter gewisse Geheimnisse zu kommen. In der Eile nun und auf die bloße Vermuthung hin, daß vielleicht Papiere von Max Joseph von Pfalz=Zweibrücken, die gegen ihn und vielleicht auch gegen Preußen zeugen würden, sich bei ihnen vorfänden, ließ Lehrbach die Gesandten umbringen. Diese aber hatten alle wichtigen Papiere schon verbrannt oder dem preußischen Gesandten, Grafen Görtz, anvertraut, und man fand Nichts. Das Verbrechen geschah wenige Hundert Schritte vor der Stadt; Robeyrot und Monnier wurden erschlagen, Jean Debry rettete sich schwer verwundet. Das Verbrechen war, wie Hormayr sagt, zugleich ein Fehler. —

Eine Geschichte, die von noch größerer staatsmännischer Bestialität zeugt, mag den Uebergang zu dem „Schwarzen Kabinet" in Rußland bilden. Ein Diplomat, der als Paire von Frankreich gestorben ist, machte an einem der ersten italienischen Höfe als Gesandter die Erfuhrung, daß seine geheimsten Depeschen verrathen wurden, und daß namentlich der Hof eines benachbarten Landes davon Kenntniß erhielt. Aber die sorgfältigste Ueberwachung führte ihn zu keinem weiteren Resultate, als zu der Entdeckung, daß die Verrätherei von dem Orte ausging, wo er akkreditirt war, und oftmals durch seine eigenen Agenten vermittelt ward. Er ließ daher dem nächsten Kourier bei einem übelberüchtigten Orte auflauern und den armen Teufel, der in der hellen Mondnacht vorüber traben wollte, durch einen wohlgezielten Schuß todt in den Sand strecken. Der Depeschensack, der sofort dem Kourier abgenommen und dem Gesandten zugestellt ward, lieferte dem Letzteren nun bei der Durchsicht den Beweis, daß der Verräther seinem eigenen Kabinet angehörte. Der Gesandtschafts-Sekretär ward in aller Stille abgesetzt, die Wittwe des Kouriers erhielt eine Pension, die Ermordung ihres Mannes wurde auf Rechnung der Banditen geschoben — und die Niederträchtigkeit war vertuscht.

Es scheint übrigens, als ob kein Volk sich von der Verletzung des Briefgeheimnisses gänzlich freigehalten habe. Selbst die nach den Grundsätzen des Jus gentium als unverletzlich zu erachtenden gesandtschaftlichen Depeschen sind dem Schicksale der Eröffnung von unbefugter Hand auch in neuerer Zeit nicht entgangen. Noch im Jahre 1806, um nur noch dieses einen Falles zu erwähnen, empfing der Gesandte zu . . . . . mit der Post Depeschen seines Ministeriums, welche mit dessen Siegel verschlossen, außerdem aber in ein Kouvert gelegt waren, das mit dem Postsiegel des Abgangsortes versiegelt war. Der Gesandte fand, daß die Depeschen geöffnet waren, denn das äußere Kouvert trug das Ministerialsiegel, das innere Kouvert war dagegen mit jenem Postsiegel verschlossen, welches ursprünglich sich an dem äußeren Umschlage befunden hatte. Man bemühte sich, die „Verwechselung“, wie naiver Weise bemerkt wurde, der Staatskanzlei zuzuschreiben, als ob es sich um eine weltbekannte Beschäftigung der letzteren mit derartigen Eröffnungsversuchen gehandelt hätte. —

In Oesterreich sollen noch heute diverse höhere Postbeamte im Amte sein, von denen man behauptet, daß sie einst Logisten waren (das waren amtlich bestallte und besoldete heimliche Brieferöffner). Sie haben meist eine sehr gute Karriere gemacht. So angeblich der Postdirektor in L. Auch von dem berüchtigten Briefdiebe Kallab wurde gesagt, er sei Logist gewesen; möglich, sogar wahrscheinlich, daß er sich den Anschein gab, er sei Logist, um unter diesem Deckmantel um so ungestörter dem Verbrechen des Brieferbrechens und Briefbestehlens obliegen zu können. (Kurzgefaßte Entwickelungsgeschichte des Oesterreichischen und des Thurn und Taxis'schen Postwesens siehe Anlage II.)

III.

Einiges über das Schwarze Kabinet in Rußland.

Der Sekretär der Kaiserin Katharina II., Chragomizki, welcher mehrere Jahre in täglichem Verkehr mit ihr stand, hat höchst anziehende Tagebuchnotizen über das von ihm Beobachtete hinterlassen. Diese Aufzeichnungen, ein fast 300 Seiten starkes Werk, sind vor etlichen Jahren von der Moskauer Gesellschaft für Alterthum und Geschichte veröffentlicht.

In diesem Tagebuche findet sich unzählige Male wiederkehrend der Ausdruck „Perlustration", und zwar beispielsweise in folgendem Zusammenhange: „In der Perlustration schreibt der und der," oder: „Aus der Perlustration der Briefe des so und so geht hervor," u. s. w. — Katharina las die „Perlustration", Chragomizki desgleichen. Ueber den Inhalt derselben unterhielt sich die Kaiserin dann oft mit ihrem Sekretär. Vornehmlich sind es die Briefe ausländischer Diplomaten an ihre Regierungen, oder die Depeschen der Regierungen an ihre Gesandten in St. Petersburg, welche perlustrirt wurden. Man darf annehmen, daß regelmäßig vor Abgang und nach Eintreffen der Posten der Kaiserin Auszüge aus solchen Briefschaften zugestellt wurden, welche des Erbrechens und des Lesens werth erschienen.

Besonders häufig sind Bemerkungen über den Inhalt der Depeschen, welche aus dem Auslande an die Gesandten Frankreichs, Englands, Preußens, Dänemarks u. s. w. gerichtet sind und über die Stimmungen und Absichten dieser Mächte in Bezug auf Rußland wichtige Aufschlüsse enthalten. Besonders häufig sind solche Notizen in den Jahren 1788 und 1789, zu der Zeit, als mit Schweden und der Türkei Krieg geführt wurde, wie denn überhaupt die Aufzeichnungen Chragomizki's während dieser Jahre besonders ausführlich sind. Daß die Posttage mit den Bemerkungen über die Perlustration zusammenhängen, geht aus der regelmäßigen Wiederkehr der letzteren hervor, so etwa, daß am 13., 20., 23., 27. Juli, 13., 20., 24., 27., 31. August, 3., 7., 14. 17., 28. September der Perlustration erwähnt wird. Es kommen da Briefe vor, unter Anderem vom englischen Gesandten Fitz-Herbert an Lord Ellis, vom französischen Gesandten Segur an Lafayette, vom dänischen Gesandten St. Saphorin an den Grafen Bernstorff, von Kaunitz an Cobenzl, von Montmorin an Segur, vom englischen Minister Lord Carmarthen an den englischen Diplomaten Frazer, vom Prinzen Nassau-Siegen an Segur u. s. w.

Daß der Ausdruck „Perlustration" nichts Anderes, als das Lesen fremder Briefe bedeutet, ist aus folgenden Notizen aus Chragomizki's Tagebuche zu ersehen: Die Kaiserin schreibt unterm 26. Januar 1791 an Zimmermann absichtlich mit der Post, damit ihr Brief, in welchem sie sich über Rußlands feste Haltung und bedeutende Mittel Preußen gegenüber ausläßt, in Berlin gelesen werde; eben dieselbe Art der Beförberung in derselben Absicht geschah in einem Briefe über die Türkei (6. Februar 1791) und mit einem dritten Briefe, in dem die Kaiserin über die Haltung Englands ausführliche Bemerkungen macht (6. Juni 1791). Durch einen fernern Brief an Zimmermann wollte die Kaiserin, offenbar in der Hoffnung, daß derselbe in Preußen gelesen werden würde, auf den König Wilhelm II. wirken, damit er sich zu einem energischen Vorgehen gegen Frankreich aufraffe (16. September 1791).

Solche Schreiben lassen sich mit Leitartikeln der offiziellen Presse vergleichen. Die Kaiserin versprach sich in der That bedeutende Wirkung von denselben. In einer Zeit, in der die Beziehungen Rußlands zu Preußen und England einigermaßen gespannt waren, wo sowohl in Bezug auf das revolutionäre Frankreich, wie in Hinblick auf die orientalische Frage mächtige Entschlüsse gefaßt werden sollten, mochte jedes unmittelbar von der Kaiserin herrührende Wort schwer in die Wagschale fallen. Hat sie sich doch gerühmt, durch ihren Briefwechsel mit Voltaire zum Sturz Choiseul's beigetragen zu haben.

Als Herzberg von den Geschäften zurücktrat, bemerkte Chragomißki, daß die Briefe der Kaiserin an Zimmermann von Einfluß auf dieses Ereigniß gewesen seien. Daß eine solche Wirkung ihrer Privatbriefe wesentlich von der „Perlustration" derselben im Auslande erwartet wurde, geht aus folgendem Umstande hervor: Katharina war sehr zufrieden mit dem militärischen Erfolge der Alliirten gegen Frankreich. Ihr Streben war, die Kabinette von Berlin und Wien im Kampfe gegen Frankreich zu sehen, um desto ungestörter die polnischen und orientalischen Angelegenheiten zu einem für Rußland günstigen Abschluß zu bringen. Die Kläglichkeit des Feldzuges in der Champagne, die Kanonade bei Valmy brachten sie auf. In einem Briefe an den Fürsten von Ligne klagt sie über die Mißerfolge der preußischen und österreichischen Waffen und bemerkt, wie nahe ihr das Schicksal der französischen Prinzen ginge. Ausdrücklich bemerkt Chragomißki, die Kaiserin wünsche, daß der Kaiser dieses Schreiben lese, und daher werde sie auf Subow's Rath dasselbe mit der Post über Berlin senden, damit es daselbst „perlustrirt" werden könne.

Die Kaiserin wünschte also geradezu eine Verletzung des Briefgeheimnisses durch die preußischen Behörden. Sie erblickte darin das Mittel, für sich publizistisch thätig zu sein. Eine Frage war es auch, ob die Staatsmänner des Auslandes wünschen konnten, daß ihre nach Petersburg gerichteten Briefe der Kaiserin zur Kenntniß vorgelegt wurden. Es war immerhin etwas ganz Anderes, ob Katharina's geistreiche, aber im Grunde genommen harmlosen Plaudereien in ihren Briefen an Zimmermann oder Ligne bekannt wurden, oder ob die Depeschen der russischen Minister an Nesselrode in Berlin, oder an Bugerkow in Warschau, oder an Galizyn in Wien einer „Perlustration" im Auslande unterlagen. Schwerlich hätte sie gern die Ausländer in ihre eigentlichen Geschäfte blicken lassen, während sie doch gerade den Korrespondenzen der Diplomaten und Minister die größte Aufmerksamkeit widmete.

Es entsteht die Frage, ob nicht diese Letzteren von dem Umstande Kenntniß hatten, daß ihre Depeschen am russischen Hofe gelesen wurden.

Einzelne Fälle der Erwähnung von perlustrirten Briefen dürften vielleicht als Bestätigung einer solchen Annahme gedeutet werden können. Während man z. B. von russischen Diplomaten aus Deutschland genau wußte, daß der Angriff Gustav's III. auf Rußland (1788) in Berlin gutgeheißen wurde, daß namentlich das Verbleiben der im Archipel zum Kampfe gegen die Türkei bestimmten russischen Flotte England und Preußen sehr angenehm berührt habe, las die Kaiserin in der Perlustration die Erklärung des Königs von Preußen, er behaupte eine vollständige „impartiale" Haltung den streitenden Mächten gegenüber. Während man in Rußland mit Recht dem Grafen Herzberg eine entschieden russenfeindliche Stimmung und die gegnerische Haltung Preußens wesentlich seinem Einflusse zuschrieb, las man in einem „perlustrirten"*) Briefe dieses Staatsmannes, er sei keineswegs Rußlands und der Kaiserin Gegner und wisse sehr wohl, daß Preußen und Rußland, im Grunde genommen, natürliche Verbündete seien.

Diese und noch andere ähnliche Fälle dürften der Vermuthung Raum geben, daß die ausländischen Staatsmänner auf eine Verletzung des Briefgeheimnisses gefaßt waren. Die meisten Angaben, welche durch die Perlustration fremder Briefe der Kaiserin bekannt wurden, sind der Art, daß es den Personen, welche sie niedergeschrieben hatten, im Grunde gleichgültig sein konnte, ob die Kaiserin davon erfuhr oder nicht. Dagegen gibt es einige Fälle, welche vermuthen lassen, daß perlustrirte Briefe nicht wohl zur Kenntnißnahme für die Kaiserin bestimmt sein konnten, daß im Gegentheil die Verfasser sowohl, als die Empfänger solcher Briefe keineswegs Grund gehabt haben können, eine Verletzung des Briefgeheimnisses zu wünschen. Auf der Reise in die Krim (1787) schrieb Fitz-Herbert, der englische Gesandte, an Lord Ellis nach England, der Fürst Potemkin werde vielleicht seine zahlreichen in Polen liegenden Güter in ein tertium quid, d. h. in einen von Rußland und Polen unabhängigen Staat, verwandeln. Die Mittheilung einer solchen Nachricht seitens der Kaiserin persönlich befreundeter Diplomaten erschien als arge Unvorsichtigkeit, wenn er die Kenntnißnahme seiner brieflichen Mittheilungen für wahrscheinlich gehalten hätte. Dasselbe gilt von einem Briefe des in der Schlacht bei Helgoland in russische Gefangenschaft gerathenen schwedischen Grafen Wachtmeister, der aus Moskau nach Schweden schrieb und die russischen Verhältnisse ungünstig beurtheilte. Katharina äußerte sich ziemlich spitz über den Grafen, nachdem sie seine Briefe gelesen hatte.

Die rückhaltslosen Klagen Kaiser Joseph's in Briefen an seinen Bruder Leopold über die Unglücksfälle im türkischen Kriege, über die furchtbare Verwüstung des Banats durch die Türken, scharfe Ausbrüche des Fürsten von Ligne über die Fehler und Mängel der russischen Kriegführung, wurden der Kaiserin gleichfalls durch die „Perlustration" bekannt. Wir wissen aus dem Briefe des Kaisers und des Fürsten von Ligne an die Kaiserin, daß sie sonst die Gegenstände in einem ganz

---

*) Perlustrer, wovon das Wort perlustriren gebildet ist, heißt: durchsehen, untersuchen, sichten.

anderen Tone zu behandeln pflegte. Jene Briefe mochten schwerlich für die Lektüre der Kaiserin bestimmt gewesen sein. Wir wissen ferner, daß Graf Segur, der sich der besonderen Freundschaft der Kaiserin erfreute, mit allen ihm zu Gebote stehenden Mitteln während des schwedischen und türkischen Krieges den Abschluß eines Allianz-Vertrages zwischen Frankreich und Rußland betrieb, während gleichzeitig Montmorins und Lomenie-de-Briemer nicht gesonnen waren, sich soweit mit Rußland einzulassen. Je offener und inniger die persönlichen Beziehungen des französischen Gesandten zur Kaiserin sonst gewesen waren, desto größer war Katharina's Erstaunen, als sie durch Perlustration der aus Frankreich an den Grafen Segur eingetroffenen Briefe erfuhr, daß Frankreich Gustav III. unterstützen und Rußland die Zumuthung machen wollte, dem Königreiche die im Jahre 1772 gemachten Eroberungen zurückzugeben. Katharina war in leidenschaftlicher Erregung. Sie schrieb an den Rand des Auszuges aus Montmorin's Briefe: „Noch nie bin ich auf Depeschen gestoßen, welche Frankreichs Feindseligkeit so offen dargelegt hätten, als diese; hier wird es offenbar, daß Frankreich Rußland verkleinern, schwächen, um alle Erfolge bringen will. Der unversöhnliche Feind Rußlands!"

Folgender Fall zeigt übrigens, daß die ausländischen Regierungen aber auch auf ihrer Hut waren. Es waren in den ersten Monaten des Jahres 1789 wichtige Depeschen des Fürsten Kaunitz und des Königs von Preußen an deren Gesandte eingetroffen. Es waren viele Chiffern darin. Chragomißki bemerkte, als Katharina über diesen Umstand klagte, „man werde es ja erfahren, sobald die Gesandten ihre Noten übergeben würden." — „Freilich," sagte die Kaiserin. „Fast scheint es, als beabsichtigte man bei dieser Gelegenheit durch Vergleichung des Inhaltes der Noten, deren Ueberreichung man entgegen sah, mit chiffrirten Depeschen, die man der Perlustration unterworfen hatte, den Schlüssel zu den Chiffern zu finden." —

Es ist nicht ohne Interesse, in das Innere des Uhrwerks bei den Kabinetsgeschäften einen solchen Blick zu thun. Nicht oft bieten sich so günstige Materialien dazu, wie das Tagebuch des Sekretärs Katharina's II.

IV.

Einiges über das Schwarze Kabinet in Preußen.

Aus den vorhergehenden Kapiteln dürfte zur Genüge hervorgehen, daß das „Perlustriren" der Briefe dem Berliner Kabinet ebenfalls nicht fremd war. Daß aber ein Schwarzes Kabinet in optima forma bis in die vierziger Jahre unseres Jahrhunderts in Berlin bestand, das wird zur Genüge durch die „Briefe des königlich preußischen Staatsministers, General-Postmeisters und ehemaligen Bundestagsgesandten Karl Ferdinand Friedrich von Nagler an einen Staatsbeamten" bestätigt.

Nagler war ebenso wie der Fürst Wittgenstein einer der Günst=
linge Friedrich Wilhelm's III. Dürfen wir den Anklagen seiner zahl=
reichen Feinde Glauben schenken, so wäre seine Unfähigkeit nur von
seiner Bosheit und Schlechtigkeit übertroffen worden. Es mochte noch
hingehen, daß er, ein Gegner aller Neuerungen, sich die nothwendigsten
Reformen im eigenen Fach, in der Postverwaltung, nur widerstrebend
entreißen ließ, daß er in der Eisenbahnfrage die Anschauungen Papst
Gregor's XVI. zu theilen schien, welcher dieß moderne Teufelswerk mit
dem Interdikt belegen ließ; *) — daß er aber den Geist der neuen Zeit
nicht nur verkannte, sondern verfolgte, daß er sich dazu hergab, jede
freie politische Richtung mit brutalen Polizeimitteln niederzuhalten, daß
er sein Amt zur Verletzung des Briefgeheimnisses im großen Styl miß=
brauchte, das wird ihm nicht verziehen. Durch die erwähnten Briefe
Nagler's hat unsere Memoirenliteratur einen Zuwachs erhalten, der
authentisch und zuverlässig ist, indem die darin enthaltenen Mittheilungen
von einem Staatsmann herrühren, der den damaligen Standpunkt der
preußischen Regierung vertritt.

Nach Hardenberg's Tode, 1823, wurde er General=Postmeister, in
demselben Jahre wurde er geadelt und 1824 als Bundestagsgesandter
mit der Residentur bei der freien Stadt Frankfurt betraut.

Seine Grundanschauung ging dahin, daß die Post mehr Institut
des Staates, als Institut für das Publikum sei. Von diesem Gesichts=
punkte aus mochte er wohl eine Entschuldigung für den Unfug des
„Brieferbrechens" finden, der unter seinem Regime in Preußen ähnlich
wucherte, wie in Oesterreich unter Metternich und Sedlnitzky. In seiner
Stellung als General=Postmeister hatte Nagler sein Departement instruirt,
daß ihm von allen Orten, wo preußische Postbeamte saßen, Nachrichten
zukamen. Sie mußten alle Schriften, die den Chef in politischer oder
sozialer Beziehung interessirten, einschicken. In Saarbrücken saß Opfer=
mann, der die französischen Depeschen öffnete und perlustrirte und Briefe
von Bedeutung einsendete. In Wetzlar war der Landrath von Sparre
für ihn thätig.

In den oben erwähnten Briefen Nagler's hütet sich derselbe frei=
lich, den Standpunkt der preußischen Regierung in langen Ausführungen
zu erörtern; philosophische Raisonnements sind seine Sache nicht. Er
begnügt sich mit kurzen, oft derben Schlagwörtern, so daß seine Briefe
gewissermaßen als politisch=soziale Tagesbefehle anzusehen sind, nach
denen der Vertraute, dem er schreibt, sich zu richten hat. Dieser Ver=
traute war J. A. Kelchner, ein Frankfurter und einer der geschicktesten
Spione seiner Zeit. In den Stürmen der französischen Revolution

*) Der Mann lächelte, als ihm das Projekt zum Bau einer Bahn nach
Potsdam vorgelegt wurde und äußerte zu seinen Räthen: „Dummes Zeug! Ich
lasse täglich diverse sechssitzige Posten nach Potsdam gehen und es sitzt Niemand
drinnen. Nun wollen die Leute gar eine Eisenbahn dahin bauen! Ja, wenn
Potsdam Paris wäre! Wenn Sie, meine Herren, Ihr Geld absolut los werden
wollen, so werfen Sie es doch gleich lieber zum Fenster hinaus, ehe Sie es zu
solchen unsinnigen Unternehmungen hergeben. Wenn er jetzt den Verkehr zwischen
Berlin und Potsdam sehen könnte! Der Verfasser.

hatte er fein väterliches Erbe verloren und war deßhalb schon ein Gegner der neuen Zeit geworden und früh darauf angewiesen, sich durch Dienstleistungen jeder Art feinen Unterhalt zu erwerben. Von Hause aus gut preußisch gesinnt, benutzte er feine Verbindungen mit hoch= gestellten französischen Beamten, um dem General=Lieutenant von Seibert und dem preußischen Gesandten beim Fürst Primas, Herrn von Hänlein, wichtige Mittheilungen über französische Zustände zu machen, welche dann auf Umwegen nach Königsberg gelangten. Er setzte feine Dienste in preußischem Interesse fort, nachdem er 1810 eine Anstellung als Expedient bei der Frankfurter General=Direktion der indirekten Steuern erhalten hatte, und als die Alliirten in Frankreich einrückten, erkundigten sich Stein und Hardenberg angelegentlich nach ihm. Er wurde der preußischen und russischen Kommandantur im Hauptquartier der Mon= archen attachirt, dann vom Verwaltungsrath der großen Armee be= schäftigt und während des Wiener Kongresses zu wichtigen diplomatischen Arbeiten verwendet. Im August 1816 wurde er von dem Ober=Prä= sidenten der Rheinprovinz als Registrator mit 400 Thaler Gehalt an= gestellt, wobei er noch nebenbei den Marschall Soult in feiner Ver= bannung in Mühlheim am Rhein zu beaufsichtigen hatte.

Da man dann bei der inzwischen in Frankfurt a. M. errichteten preußischen Bundestags=Gesandtschaft eines mit den Verhältnissen Frank= furts vertrauten Individuums bedurfte, wurde Kelchner von Köln nach Frankfurt gesandt, der Bundesgesandtschaft zugetheilt und 1817 dem Etat des auswärtigen Ministeriums als Legations=Kanzlist beigegeben. Hier leistete der in Erforschung von Personalien so gewandte Mann in den Jahren 1818 und 1819, der Zeit der beginnenden Demagogen=, Turner= und Studentenverfolgungen, wichtige Dienste. Von der Er= nennung Nagler's zum Bundestagsgesandten im Jahre 1824 an be= ginnen die merkwürdigsten Jahre feines Lebens. Nagler erkannte, welche außerordentliche Thätigkeit und Erfahrung er an Kelchner aus= beuten konnte. Während Nagler schlief, las Kelchner für ihn alle Zeitungen durch und strich alle Stellen und Namen an, die Stoff zu Berichten und Nachforschungen geben sollten. Den andern Tag war dann die ganze Gesandtschaft in Bewegung. Kelchner ging nach persön= lichen Erkundigungen aus und die anderen Beamten hatten die Berichte zu entwerfen oder abzuschreiben. Durch Kelchner's Hände ging die ganze Korrespondenz des geheimen Kabinets, ihm standen die Berichte zu Gebote, die von allen preußischen Postämtern an Nagler geliefert werden mußten. Dieser Mann nun ist es, an den Nagler's Briefe ge= richtet sind und zwar während eines Zeitraumes von 24 Jahren, von 1822 bis 1846. Im Anfange befinden sich auch noch eine Anzahl Briefe Kelchner's dabei, die Nagler mit Bemerkungen an den Verfasser zurücksandte, während in der weiteren Folge nur Briefe Nagler's, meist Antworten auf die Briefe und vertraulichen Berichte Kelchner's, vor= liegen. Es handelt sich in diesen Briefen darum, Mitglieder der Burschenschaft oder liberale Journalisten zu überwachen oder ins Netz zu locken. Am 10. Januar 1826 schreibt Nagler an sein Faktotum: „Haben Sie auf einen Menschen Achtung — Saalmüller, der zu Freiburg studirt hat und im Dezember in Konstanz und Freiburg war. Sollte er zu Ihnen kommen, so thun Sie natürlich recht freundlich. Geben Sie ihm, wenn es angeht, einen Brief an Rhode oder Geh. Rath Schmückert (Also auch der! — Da ist ja seine Karriere erklär= lich. Der Setzer.) mit. Er ist ein revolutionärer Hund." Was das Brieferbrechen betrifft, so schreibt er darüber an seinen Vertrauten: „Ein für allemal steht fest, daß Sie, wie früher, die Post= und Kourier= packete öffnen. Herr v. W. darf nicht wissen, daß sein neulicher Bericht den Umweg hierher gemacht." In späteren Jahren bekannte er ganz offen, daß er sich an die „albernen Brieferöffnungs=Skrupel" nie gekehrt hätte, und rühmt sich, daß er die Briefe bloß durchlese, nicht unter= schlage, wie dieß in Oesterreich geschehe. Er pflegte zu erzählen, daß der Meister in diesen Dingen der Großfürst Konstantin war, der die ausgesuchteste Sammlung unterschlagener Briefe besaß. Er hatte sie in Maroquin binden lassen, und sie machten in 33 Bänden seine Kabinets= bibliothek und interessanteste Lektüre aus. Im Beginn des Briefwechsels ziehen besonders die beiderseitigen Mittheilungen über die von ihm be= nutzten politischen Spione die Aufmerksamkeit auf sich, sie zeigen, auf wie grobe und plumpe Weise sich die Bundespolizei von ihnen dupiren und ausbeuten ließ. Es drängten sich unwürdige Subjekte von der Art eines Witt, von Döring an Nagler, wußten sich als Träger großer Geheimnisse oder gar als frühere politische Agenten Oesterreichs und Ueberläufer zu der preußischen Sache Glauben und Kredit zu verschaffen. Die Enthüllungen Schlottmann's und Amtsberg's, die Nagler und Wittgenstein mit Gold aufwogen, waren nicht etwa werthvoller; denn was haben Mittheilungen für Werth, wie die, „daß Fürst Metternich Alles aufbiete, Preußen in seinem Aufschwunge zu hemmen und Rußland durch Verschwörungen zu zerreißen," „daß das Leben des Kaisers von Rußland in Gefahr sei," „daß das englische Kabinet völlig in der Tasche Oesterreichs sei und Frankreich Preußen anzugreifen suche, um es von seinem natürlichen Alliirten Rußland abzuhalten?" (Alles aus dem Jahre 1827.)

Nagler schloß sich vollkommen den Ansichten derer an, welche im (deutschen) Bunde nur ein wirksames Polizeiorgan gegen die Ausschreitungen der Liberalen erblickte. Auf dem Johannisberger Kongreß ließ er sich vom Fürsten Metternich, dem er eine für einen preußischen Staatsmann fast zu unbedingte Verehrung widmete, über „das höchst gefährliche Treiben" der Burschenschaftler und Journalisten Vorlesungen halten. In den Kreisen der freidenkenden Diplomaten war er deßhalb nicht gern ge= sehen. Wie wenig beliebt er bei dem Personal der eigenen Gesandt= schaft war, läßt sich aus einer Mittheilung Kombst's schließen. Kombst behauptet, in Nagler's Hause sei von einem Mitgliede der Gesandtschaft in Gegenwart und unter Beifall der anderen ausgesprochen worden: daß es ein glücklicher Tag für das Personal sein werde, wo man in scheinbarer Trauer der Leiche des gegenwärtigen Chefs zu folgen haben werde. Kombst wurde später der Plagegeist seines Lebens. Durch die ganze Korrespondenz zieht sich wie ein rother Faden der mit Furcht gemischte Haß, den Nagler gegen diesen talentvollen

Literaten hegte. Wie Kombst seinem ehemaligen Chef gegenüber Alles
für erlaubt ansah, die amtliche Stellung, die er in Frankfurt ein-
genommen, dazu mißbrauchte, gestohlene Aktenstücke über die Thätigkeit
der Reaktionspartei zu veröffentlichen und besonders den preußischen
Bundestags-Gesandten grau in grau schilderte, so bot auch Nagler seinen
ganzen Einfluß auf, um diesen unversöhnlichen Gegner mundtobt zu
machen. Auf ein paar Thaler, erklärte er selbst, komme es ihm dabei
nicht an. Er ließ Kombst auf Schritt und Tritt verfolgen. Die Ent-
täuschungen, welche der liberalen Partei nach dem Befreiungskriege vorbehalten waren, die Verfolgungen, welche seit den Karlsbader Beschlüssen
über Burschenschaftler, Turner und wie die gefährlichen Schwärmer für
Deutschlands Einheit heißen mochten, verhängt wurden, hatten manche
politische Verdächtige, nicht den schlechtesten Theil der Nation, gezwungen,
im Auslande das bittere Brot des Exils zu essen. In all diesen Flüchtlingen sah Nagler die Mitverschworenen Kombst's. Kein Name ist in
die politischen Untersuchungen, in die dunkeln Schliche des geheimen
Polizeiwesens jener Tage tiefer verwickelt, als der Nagler's. Oft ent-
wischte ihm eine Aeußerung, wie die: „Hätte man doch den X X auf
preußisches Gebiet gelockt und festgenommen!"

Zu Anfang des Jahres 1832 erließ Nagler eine Denkschrift über
die Frage: „durch welche Mittel die Autorität des Bundes in der
öffentlichen Meinung zum Heile von ganz Deutschland befestigt und
insbesondere das hierzu erforderliche Ansehen der Bundesversammlung
als Organ des Bundes auf eine ihrer Bestimmung angemessene Weise
fester begründet werden könne." Friedrich von Gentz hatte sich einst
mit schneidendem Hohne über die liberalen Schwärmer dahin geäußert,
daß die Mainzer Zentralbehörde zur Untersuchung demagogischer Umtriebe bereits den deutschen Einheitsgedanken darstelle. In ähnlichem
Sinne gedachte Herr von Nagler die deutsche Einheit durch Organisation
einer geheimen Polizei des deutschen Bundes in Frankfurt zu verwirk-
lichen. Außer den Liberalen hielt Nagler auch die Ultramontanen
scharf im Auge.

Gränzenlos und rührend ist der Antheil, den Nagler an Friedrich
Wilhelm's III. Erkrankung und Tod nimmt. Er ahnte, daß eine neue
Zeit neue Männer ans Ruder bringen würde. „Der Thronfolger",
hatte er früher geäußert, „gefällt mir nicht, macht mir Sorge," und
in der That ward er, wenn er auch seine Stelle behielt, doch immer
mehr bei Seite geschoben. —

Jede Zeit hat ihre eigenthümlichen politischen Krankheitsformen;
für die des absoluten Polizeistaats und des beschränkten Unterthanen-
verstandes wird Nagler's Briefwechsel immer einen schätzenswerthen Bei-
trag bilden, wie er denn außerdem das Vorhandensein des „Schwarzen
Kabinets" unter seinem Regime unwiderleglich beweist. —

Wenn man einer s. Z. viel genannten Persönlichkeit Glauben
schenken darf, so bestand in Preußen das Schwarze Kabinet Ende der
fünfziger und zu Anfang der sechziger Jahre noch in optima forma.
Diese Persönlichkeit ist keine geringere, als — Fürst Pückler-Muskau.
In dem „Briefwechsel und Tagebücher des Fürsten Hermann von Pückler-

Muskau" von Ludmilla Assing=Grimelli finden wir einen Brief an die Herausgeberin jenes Briefwechsels, in welchem sich der alte Höfling über die Konfiskation des Humboldt=Varnhagen'schen Briefwechsels wie folgt ausspricht: „An Humboldt's Briefen brauchen Sie nicht ein Jota zu ändern, aber die Anmerkungen Varnhagen's durften nur soweit gehen, als sie zur Erläuterung jener Briefe unumgänglich nothwendig waren. In diesen Tagebuchblättern sind ein halb Dutzend Stellen, die, ohne dem Werk sein außerordentliches Interesse im Geringsten zu schmälern, jedenfalls weggelassen werden mußten, da sie die preußische Königsfamilie außerordentlich choquiren müssen." Fürst Pückler ist besorgt um die Folgen, räth der Ludmilla Assing, einen geschickten Advokaten zu nehmen und bittet sie, **die Briefe an ihn jetzt von anderer Hand adressiren zu lassen und das Siegel zu ändern**; denn **„man wird jetzt"** — schreibt er wörtlich — **„Ihre Briefe auf der Post jedenfalls lesen; ich kenne unser cabinet noir."** Später seufzt der alte Wüstling und Freund der Assing, als er sich in Berlin nach ihr erkundigt und man sie überall verleugnet hatte: „O Ludmilla, wie haben Sie, die ich so gut und wohlwollend kenne, von so treuer Gesinnung im Leben, solche Dinge im Manuskripte Ihres Oncles nicht unterdrückt?"

Aeußerungen über die jetzige Königin sind es vornehmlich, die den schlauen Höfling aufs Peinlichste berühren. „Ich habe seitdem eine Audienz bei der Königin gehabt" — schreibt er — „und ihr Benehmen gegen mich verändert und befangen gefunden. Ihres Buches ward mit keiner Silbe erwähnt, auch der König war weniger freundlich gegen mich, als sonst." — Sodann folgen sehr bewegliche Lobeserhebungen des Königspaares, aus denen dem Leser freilich immer das frühere: „Ich kenne unser cabinet noir!" entgegenklingt.

Geschrieben ist das im Mai 1862, also in einer Zeit, als Herr von Philipsborn dem dermaligen General=Postdirektor Stephan noch nicht im Amte gewichen war.

Ob der achtzigjährige Fürst Pückler nicht zu schwarz gesehen, indem er mit solcher Gewißheit von dem Vorhandensein des cabinet noir in Preußen spricht, wer vermöchte es besser zu sagen, als eben der damalige General=Postdirektor, Herr von Philipsborn? Und wer hätte ein größeres Interesse daran, den Schatten, der durch diese mit solcher Gewißheit ausgesprochene Verdächtigung auf seine Amts= führung und seine Ehre geworfen wird, durch Mittheilung der lauteren Wahrheit von sich abzuwälzen, als eben Herr von Philipsborn, der heutige Präsident der Preußischen Zentral=Boden=Kredit=Gesellschaft? — Wir unsererseits müssen übrigens zur Ehre des genannten Herrn be= kennen, daß wir unter seiner Amtsführung nie von dem Vorhandensein eines Schwarzen Kabinets gehört, niemals von einer Verletzung des Briefgeheimnisses von postamtlicher Seite, sei es auch nur durch un= befugtes und ungesetzliches Einsehen der postamtlichen Abonnentenlisten auf gewisse Zeitungen zu schmutzigen und unlauteren Zwecken vernommen haben, geschweige denn, wie unter Herrn von Philipsborn's Nachfolger, an uns selbst erfahren hätten.

Daß übrigens die im Jahre 1873 im deutschen Reichstage kon=
statirte, schon erwähnte Art der Verletzung des Briefgeheim=
nisses durch Einblick in die postamtlichen Abonnenten=
listen seitens höherer Postbeamten zu dem Zwecke, das
Abonnement auf gewisse Blätter zu verhindern, damals
schon nicht mehr neu war, sondern gleich nach Uebernahme des General=
Postmeister=Amtes seitens des (Ehrendoktors der Universität Halle) Herrn
Stephan in Szene gesetzt wurde, beweist ein Artikel in Nr. 27 der
„Norddeutschen Post" vom Jahre 1870; derselbe lautet:
„Wühlereien gegen die „Norddeutsche Post". Es
sind uns aus der Rheinprovinz eine Reihe Zuschriften über ein und
denselben Gegenstand zugegangen, welche ihrem Inhalte nach völlig
übereinstimmen. Wir theilen davon nur eine mit. Sie wird unseren
Lesern eine eigenthümliche Illustration dessen geben, was sich ein ge=
wisser geheimer Postrath unter der neuen Aera unterstanden. Wir
haben während des Regime des Herrn von Philipsborn Aehnliches nie
vernommen. Die Zuschrift lautet: Eine ärgerliche Geschichte muß ich
Ihnen mittheilen. Der Geheime Postrath Budde aus Berlin, welcher
eine Rund= und Inspektionsreise machte, ließ sich in Köln, Deutz, Mühl=
heim u. a. O. die Namen der Abonnenten auf die „Norddeutsche Post"
vorlegen. Dann fragte er unter Anderem einen hiesigen Bureau=
Vorsteher (derselbe ist jetzt Postdirektor in Elsaß=Lothringen), der auch
Abonnent ist: „Wie, Sie halten auch dieses Schandblatt?!" Klein=
laut und weinerlich versetzte der Gefragte: „Ich will es nicht mehr
thun, Herr Geheime Rath!" Dieses, gelinde gesagt, unpassende
und taktlose, eines Geheimen Postraths des Norddeutschen Bundes
völlig unwürdige Verfahren Budde's hat in Köln allgemeinen Ekel
und Unwillen wachgerufen. Wir stellen Ihnen anheim, von diesem
Vorfalle Notiz zu nehmen." — Auch von Hannover schreibt man uns:
„Ihr von fast allen anständig denkenden Kollegen so hochgeschätztes Blatt
ist kürzlich und zwar schon während der neuen Aera mit knapper Noth
der Exkommunikation entgangen; obgleich dasselbe in der kurzen Zeit
seines Bestehens der Postbeamtenschaft schon mehr genützt hat, als
sein Verfolger während einer langen Reihe von Dienstjahren. Im
hiesigen Leseverein sollte es auf Vorschlag einiger Herren vom Vor=
stande ausgemerzt werden, weil es Tendenzen verfolge, mit denen der
größte (?) Theil der Postbeamten nicht einverstanden sei (?). Leider
folgte diesem Vorschlage feige ein großer Theil hiesiger Beamten, andere
enthielten sich der Abstimmung. Die einmüthige Erklärung der Beamten
des Eisenbahn=Postamtes für Beibehaltung rettete indessen unser Blatt
vor dem Scheiterhaufen. So geschehen im Jahre des Heils 1870 unter
dem Regime des von der gesammten Presse, in specie von der „Norddb.
Post" so sehr begrüßten und gefeierten General=Postdirektors Stephan.
Ein Kommentar ist wohl nicht nöthig." Kurz zuvor war der Geheime
Postrath Budde in dienstlichem Auftrag auch in Hannover gewesen. —
Zu diesen Korrespondenzen bemerkt das genannte Blatt: „Was die
offenbar aus dem Betragen des 2c. Budde hervorleuchtende Absicht, unsere
„Norddeutsche Post" zu schädigen, ein Unternehmen, welches z. Z. dem

Staate jährlich allein ca. 400 Thlr. Stempelsteuer einbringt, anlangt,
so erwägen wir eben noch, ob wir eine Beschwerde beim Herrn Bundes=
kanzler, oder an den Reichstag bei seinem Wiederzusammentritte richten
werden. Wir behaupten übrigens: „Kein höherer Postbeamte
hat das Recht, sich die Abonnentenlisten auf Zeitungen
zu dem Zwecke vorlegen zu lassen, die Abonnenten zu
notiren, und wenn es Postbeamte sind, zu ängstigen;
denn nur auf eine Aengstigung kann es abgesehen sein.
Es ist ein Vergehen, wenn ein Postbeamter das Briefgeheimniß verletzt,
Briefe in der Absicht öffnet, um durch Kenntnißnahme des Inhalts
einem Gewerbtreibenden zu schaden; wir fragen: ist es kein Vergehen,
wenn ein höherer Postbeamter in der schon angegebenen Absicht sich die
Abonnentenlisten der Postanstalten auf gewisse Blätter notirt; wir
fragen, darf er das? Vergißt der Mann denn ganz, daß, wenn er
uns durch sein Manöver schädigt, er die Postkasse, welche letztere im
letzten Quartal allein eine Provision von 176 Thlr. 13 Sgr.
7 Pf. von uns erhalten hat, mit schädigt? Wir stehen nicht unter
Botmäßigkeit des Herrn ꝛc. Budde, sondern unter den Landesgesetzen.
Begehen wir in unserem Fachblättchen irgend Etwas, was gegen die
Landesgesetze verstößt, so läßt, was Preßvergehen anlangt, die Staats=
anwaltschaft meist nicht lange auf sich warten, die Anklage zu erheben,
und es sind dann Richter vorhanden, welche uns nach den Strafgesetzen
verurtheilen. Wir sollten meinen, die Polizei, der für unsere Hand=
lungen noch eine Kaution von 2500 Thlrn. bürgt, sowie die Staats=
anwaltschaft müßten es übel nehmen, wenn sich ein Verwaltungsbeamter
untersteht, ihnen irgendwie vorzugreifen oder gar ins Handwerk zu
pfuschen. Gibt's denn kein Gesetz, welches durch Steuern, Kautionen ꝛc.
so schwer belastete Gewerbtreibende vor der Willkür eines einzelnen
Verwaltungsbeamten schützt? Muß ein Postbeamter zu den oben an=
gegebenen Zwecken einen Einblick in seine Bücher gestatten? Wir möchten
wissen, was der neue Generaldirektor, Herr Stephan, dem wir das
Verfahren seines Herrn Budde sofort angezeigt haben, dazu sagt? Für
Herrn Budde aber haben wir das Wort des biederen preußischen Richters
Tabbel, welches er dem Polizei=Präsidenten Hinkeldey einst in dem be=
rüchtigten Prozesse Waldeck zurief: „Herr Geheime Rath! Das
schickt sich nicht!“ “
      Die Fragen der „Norddeutschen Post“ blieben unbeantwortet, der Artikel
wurde mit Stillschweigen hingenommen, diese neue Art der Verletzung
des Briefgeheimnisses blieb unbestraft und der geschädigte Gewerbtreibende
und hohe Steuern zahlende Bürger unbeschützt. Was Wunder, wenn die
Manipulationen gegen ihn im Dunkeln fortgesetzt wurden, bis sie endlich
im Jahre 1873 vor den Reichstag und vor das Forum der Oeffentlichkeit
kamen. Eine Anklage ist indessen von keiner Seite erfolgt, selbstver=
ständlich auch keine Bestrafung. Herr Stephan, Herr Budde und Herr
Sachse machen glänzende Staatslaufbahnen. Ersterer, vormals schon
Mitglied des Bundesraths, wurde seitdem zum Mitglied der ersten
preußischen Kammer ernannt und übernahm auch die Generaldirektion
der Telegraphen des Deutschen Reiches (seinen Budde setzte er dabei als

seinen Stellvertreter ein), erfreut sich eines Gehalts von 24,000 Mark, und die Presse ist seines Lobes voll. Das genannte Blatt rächte sich übrigens damals durch Veröffentlichung des nachfolgenden Spottgedichtes an seinen Feinden und Verfolgern:

Klassische Reime an einen klassischen Mann

von
Einem, der auch nicht das Abiturienten-Examen gemacht hat.

Motto: Haust Du meinen Juden, hau' ich Deinen.

Es ist kein Mann der Kutte,
Es ist kein Ritter, kein Graf,
Es ist ein gewisser Budde,
Dem wir geraubt den Schlaf.

Seines Zeichens ist er „Geheimer",
Nicht Ober-, sondern „Postrath";
Drum doppelt befähigt zu einer
Gar seltnen und kühnen That.

Als Vorbild sah er ja leuchten
Graf Scholem nomine Brühl.
„Ihm nach," so wollt's ihm bedeuchten;
Daheim ward's ihm enge und schwül.

Auch er wollt' sich Lorbeern erwerben,
Genannt sein im ganzen Land,
Der Lindwurm der Post sollte sterben
Wohl unter des Recken Hand.

Sonst hatte man niemals vernommen
Sein besond'res Verdienst um den Staat,
Noch wußte man, wie es gekommen,
Daß er Geheimer Postrath.

Drum sollte die Welt jetzt sehen,
Was ein Budde leisten kann,
Die Geschichte der Post einst erzählen
Von ihm, dem großen Mann.

Die Stirn mit Ruhm zu bedecken,
Zog hin er zum freien Rhein,
Zu Posten in Städten und Flecken
Und sah dort die Bücher ein.

Gewichtig that da notiren
Den, der auf die „Norddeutsche Post",
Das „Schandblatt" thät abonniren,
Der große Rath der Post.

Und manche klass'sche Bemerkung
Dem zweiten Grafen Brühl
Bei diesem saubern Geschäfte
Ueber das Blatt entfiel.

Ja Einen wußt' er zu rühren,
Daß der unter Thränen versprach,
Es solle ihn Keiner verführen,
Das „Schandblatt" nicht halten er mag.

Ein Wort hat Budde gesprochen,
Ein großes gelassen aus,
Dieß eine trägt seine Ehre
In alle Winde hinaus.

Es lautet: Wie kann man lesen
Das „Schandblatt", die Norddeutsche Post?
Was ist der Herausgeber gewesen,
Was bietet der wohl für Kost?

Und Alles höret und staunet
Den Helden bewundernd an.
O Heil dem Verkehrsinstitute,
Das sein nennt den großen Mann!

Auch zu Brühl ist's gedrungen hin
Von Budde das große Wort,
Der weiblich darob sich ergötzet,
Vergisset Turf und Sport.

Die Gesellschaft Ulk in Haspe
Hat auch das Wort gehört
Und flugs den „Geheimen" Budde
Als Ehrenmitglied begehrt

Den Mann, der in uns'rem Jahrhundert
So Großes hat gethan.
Und wir, wie sollen wir danken
Dem liebenswürd'gen Mann?

Wir beten: „Heiliger Stephan!
Wie ist dein Budde so gut!
Gebt uns nur noch schön're Titel,
Dann haben wir fröhlichen Muth!"

Frei sind die Postbeamten,
Sind keine Sklaven mehr,
Ist's unter der neuen Aera
Wie unter Herrn Nageler?

Es sei uns gestattet, diejenigen Paragraphen des Strafgesetzbuches anzuführen, die da Platz greifen würden, wenn sich überhaupt ein öffentlicher Ankläger zur Erhebung einer Anklage gegen hohe Postbeamte, welche das Briefgeheimniß verletzen, finden sollte, was bei der Stellung eines Staatsanwalts, wonach ein solcher unter Ausschluß des natürlichen Rechtes der Privatanklage nach seinem Ermessen und nach der „Instruktion des Herrn Ministers" Anklagen erhebt und fallen läßt, ohne daß irgend ein Richter- oder Geschwornen-Kolleg Einspruch erheben darf, uns wenigstens zweifelhaft erscheint.

Nach dem Postgesetze darf „keiner innerhalb des Reiches erscheinenden politischen Zeitung die Beförderung durch die Post versagt oder erschwert werden, ebenso wird darin das Briefgeheimniß für unverletzlich erklärt (Abschn. I, § 5 des Gesetzes über das Postwesen des Deutschen Reiches vom 28. Oktober 1871 lautet wörtlich: Das Briefgeheimniß ist unverletzlich ꝛc. ꝛc.).

Die auf Verletzung des Briefgeheimnisses, gleichviel ob dasselbe durch Postbeamte oder andere Personen verletzt wird, bezüglichen Paragraphen des Strafgesetzbuches vom 31. Mai 1870 sind folgende und lauten:

§ 299. Wer einen verschlossenen Brief oder eine andere Urkunde, die nicht zu seiner Kenntnißnahme bestimmt ist, vorsätzlich und unbefugter Weise eröffnet, wird mit Geldstrafe bis zu „Ein Hundert Thalern oder mit Gefängniß bis zu drei Monaten" bestraft. Die Verfolgung tritt nur auf Antrag ein.

§ 300. Rechtsanwälte, Advokaten, Notare, Vertheidiger in Straffachen, Aerzte, Wundärzte, Hebammen, Apotheker, sowie Gehülfen dieser Personen werden, wenn sie unbefugt Privatgeheimnisse offenbaren, die ihnen Kraft ihres Amtes, Standes und Gewerbes anvertraut sind, mit Geldstrafen bis zu „fünf Hundert Thalern oder mit Gefängniß bis zu drei Monaten" bestraft."

(Jedenfalls auch ein Postbeamter, der irgend Jemandem, gleichviel ob Vorgesetztem, den Einblick in die unter dem Schutze des Briefgeheimnisses stehenden amtlichen Abonnentenlisten zu dem Zwecke gestattet, die Namen der Abonnenten auf gewisse Blätter zu ermitteln und Letztere vom Abonnement abzuhalten und dadurch einerseits die Postkasse um die betreffende Zeitungsprovision zu bringen und anderseits die Verleger zu schädigen, unter Umständen zu ruiniren. Der Verfasser.)

§ 339. Ein Beamter, welcher durch Mißbrauch seiner Amtsgewalt oder durch Androhung eines bestimmten Mißbrauchs derselben Jemand zu einer Handlung, Duldung oder Unterlassung widerrechtlich nöthigt, wird mit Gefängniß bestraft. Der Versuch ist strafbar. In den Fällen der §§ 106, 107, 167 und 253 tritt die daselbst angedrohte Strafe ein, wenn die Handlung von einem Beamten zwar ohne Gewalt und Drohung, aber durch Mißbrauch seiner Amtsgewalt oder durch Androhung eines bestimmten Mißbrauchs derselben begangen ist.

§ 354. Ein Postbeamter, welcher die der Post anvertrauten Briefe oder Packete in anderen, als den im Gesetz vorgesehenen Fällen eröffnet oder unterdrückt, oder einem Anderen wissentlich eine solche Handlung gestattet, oder ihm dabei wissentliche Hülfe leistet, wird mit Gefängniß nicht unter drei Jahren bestraft.

§ 357. Ein Amtsvorgesetzter, welcher seine Untergebenen zu einer strafbaren Handlung im Amte vorsätzlich verleitet oder zu verleiten unternimmt, oder eine solche strafbare Handlung seiner Untergebenen wissentlich geschehen läßt, hat bei auf diese strafbare Handlung angedrohte Strafe verwirkt. —

Dieselbe Bestimmung findet auf einen Beamten Anwendung, welchem eine Aufsicht oder Kontrole über die Amtsgeschäfte eines andern Beamten übertragen ist, sofern sie zur Aufsicht oder Kontrole gehörende Geschäfte betrifft.

Die Verordnung, betreffend den Diensteid der unmittelbaren Reichsbeamten (deren Anstellung also vom Kaiser ausgeht) vom 29. Juni 1871 schreibt die nachfolgende Eidesformel vor: „Ich N. N. schwöre zu Gott, dem Allmächtigen und Allwissenden, daß, nachdem ich zum Beamten des Deutschen Reichs bestellt worden bin, ich in dieser meiner Eigenschaft Sr. Majestät dem Deutschen Kaiser treu und gehorsam sein, die R e i c h s v e r f a s s u n g und **die Gesetze des Reichs beobachten** und alle mir vermöge meines Amtes obliegenden Pflichten nach meinem besten Wissen und Gewissen genau erfüllen will, so wahr mir Gott helfe!" — und die durch Gesetz vom 20. September 1871 vorgeschriebene Eidesformel der Staatsbeamten: „Ich N. N. schwöre zu Gott dem Allmächtigen und Allwissenden, daß ich Sr. Majestät dem Deutschen Kaiser treu und gehorsam sein, die Gesetze beobachten und alle mir vermöge meines Amtes obliegenden Pflichten nach meinem besten Wissen und Gewissen genau erfüllen will, so wahr mir Gott helfe!"

Heutzutage können die Regierungen über andere Mittel verfügen, Kenntniß zu erlangen von der allgemeinen Sachlage und von dem Thatbestand im Einzelnen. Verkehrsanstalten, die Raum und Zeit überwinden, allerlei Manifestationen der öffentlichen Meinung, die Kundgebung der Presse, die Oeffentlichkeit der Kammerverhandlungen, die Blau, Roth, Gelbbücher, die Interpellationen und Adressen, die Resolutionen der Volksversammlungen, vor Allem aber das größere Vertrauen zwischen Regierenden und Regierten (?) — alles Dieses erspart den Regierungen das unlautere Mittel der Briefperlustration, resp. eine Reihe von Kunstgriffen, um sich über die öffentlichen Zustände zu unterrichten.

In neuester Zeit sind trotzdem mehrfach Vermuthungen und Klagen in die Oeffentlichkeit gedrungen, daß man sich in Deutschland auch der direkten Brieferbrechung schuldig gemacht habe, vornehmlich der Briefe an namhafte Sozialdemokraten und Ultramontane. Diese Gerüchte hat das deutsche GeneralPostamt stets mit mehr oder minder Glück widerlegt. Es ist schwer, den Beweis der Wahrheit einem solchen dunklen, lichtscheuen Treiben gegenüber zu führen, und wir hüten uns wohl, irgend welche Verdächtigungen dieser Art über jene Behörde auszusprechen. Wir haben von ihr in der Einleitung zu unseren Schwarzen Kabinetten nur unbestreitbare Thatsachen in ganz objektiver Weise behauptet und überlassen dem Zufall und der Zukunft, den Schleier darüber zu lüften, ob an jenen Gerüchten von direkter Brieferbrechung etwas Wahres war.

Indessen ist es unsere Pflicht, lediglich um der historischen Wahrheit willen eines merkwürdigen Prozesses gegen den „Volksstaat" und dessen Mitarbeiter zu gedenken, welche letztere den Beweis der Wahrheit für die von ihnen ausgesprochenen Beschuldigungen antraten und schließlich freigesprochen wurden. Die Nr. 73 des genannten Blattes vom vom 17. August 1873 gibt über diese Angelegenheit folgende wörtlich wiedergegebenen Aufschlüsse:

„Zur Briefstieberei. Das Erkenntniß des Leipziger Bezirksgerichts in dem bekannten Prozeß gegen den „Volksstaat" lautet:

„In der wider A u g u s t B e r n h a r d M u t h, besage der Akten Rep. II. Nr. 12,450, bei dem Königlichen Gerichtsamte im Bezirksgericht Leipzig anhängigen Untersuchung erkennt

das Königliche Bezirksgericht zu Leipzig

auf den von dem Angeklagten Blatt 24 gegen das Erkenntniß Blatt 17 eingewendeten Einspruch auf Grund der heute abgehaltenen öffentlichen mündlichen Verhandlungen für Recht:

Daß es auf den erhobenen Einspruch bei dem Blatt 17 ertheilten Er-
kenntnisse, durch welches der Angeklagte wegen Schmähung von Staatseinrichtungen zu einer sechswöchentlichen Gefängnißstrafe, sowie Erstattung
der Untersuchungskosten verurtheilt, auch auf Konfiskation der nach
Blatt 1 mit Beschlag belegten Exemplare von Nr. 68 der Zeitschrift
„Der Volksstaat" vom Jahre 1872 erkannt, nicht zu lassen, der Angeklagte vielmehr von der gegen ihn erhobenen Anklage der Schmähung
von Staatseinrichtungen

freizusprechen,

es sind auch die mit Beschlag belegten Exemplare der vorgedachten
Nummer der Zeitschrift „Volksstaat" wieder freizugeben und die in
erster wie zweiter Instanz entstandenen gerichtlichen Kosten als Last der
Gerichtsbarkeit Staatswegen zu übertragen

Von Rechts-Wegen!

Leipzig, den 20. Februar 1873.

Das Königliche Bezirksgericht daselbst.

(L. S.)   Steinberger. Mannsfeld. Dr. Siebenhaar.

Gründe:

Durch die auf Antrag des Angeklagten August Bernhard Muth
Blatt 14 b. 15, 34 b flg., 36 b und 39 befragten Zeugen Fink, Bebel,
Liebknecht und Fritzsche ist eine Mehrheit von Fällen nach-
gewiesen worden, in welchen von auswärtigen Führern der sozialdemokratischen Partei an die Expedition und Redaktion der Zeitschrift
„Der Volksstaat" hier, sowie die hiesigen Führer dieser Partei, ebenso
wie von diesen an auswärtige Gesinnungsgenossen gerichtete und der
Post zur Beförderung übergebene Briefe und Päckereien entweder gar nicht, oder doch in so verletztem Zustande
an die Adressaten gelangt sind, daß man deutlich an
denselben hat wahrnehmen können, wie dieselben in
der Zwischenzeit an den Seiten aufgeschnitten oder
sonst zur Herausnahme des Inhalts geöffnet und später
wieder zugeklebt und verschlossen worden waren.

Durch die Mehrheit von dergleichen Vorkommnissen mag sich bei der
sozialdemokratischen Partei allerdings die irrige Ansicht gebildet haben,
daß von ihr abgesendete oder an sie gerichtete Briefschaften behufs Ueberwachung ihres Treibens und ihrer Absichten bei der Post durch besondere
Agenten geöffnet und gelesen würden. Wenigstens hat der Angeklagte,
daß eine solche Vermuthung sich nach den geschilderten Vorgängen bei
ihm und seinen Gesinnungsgenossen eingebürgert habe, behauptet und
hat dieses Behaupten durch die geführte Untersuchung keine Widerlegung
gefunden.

Unter diesen Umständen kann man aber zweifellos nicht sagen,
daß der Angeklagte den in Nr. 68 der Zeitschrift „Der Volksstaat"
vom 24. August 1872 abgedruckten, mit „Es stiebert" überschriebenen
Aufsatz mit dem Wissen und der Ueberzeugung, daß die von ihm in
Betreff der Verletzung des Briefgeheimnisses bei der Post auf-

gestellten Thatsachen **unwahr oder entstellt**, geschrieben und zur Verbreitung gebracht habe, wennschon man nicht in Abrede stellen kann und mag, daß dem Angeklagten hierunter ein nicht unbedeutender Grad von Fahrlässigkeit zur Last fällt.

Fahrlässigkeit genügt jedoch nicht zur Begehung des unter § 131 des Reichsstrafgesetzbuches zu subsumirenden Vergehens, und so hat man denn nach Lage der Sache den Angeklagten von der gegen ihn erhobenen Anklage freizusprechen, die mit Beschlag belegten Exemplare der angegebenen Nummer der Zeitschrift „Der Volksstaat" freizugeben und die durch die eingeleitete Untersuchung in erster und zweiter Instanz entstandenen gerichtlichen Kosten als Last der Gerichtsbarkeit auf die Staatskasse zu übertragen gehabt.

Die Wichtigkeit dieses Erkenntnisses — bemerkt das genannte Blatt — springt in die Augen. Es stellt gerichtlich fest, daß unsere Klagen und Anklagen betreffs systematisch gegen uns geübter Briefstieberei thatsächlich begründet sind.

Ob es „irrig" und eine „Fahrlässigkeit" ist, die erwiesene schamlose Verletzung des Brief- und Postgeheimnisses auf Rechnung deutscher Briefstieber zu setzen, das glaube, wer hinlänglichen Scharfsinn hat, um zu begreifen, daß englische, französische, schweizerische, belgische und sonstige ausländische Behörden an der Ausspionirung der deutschen Sozialdemokratie ein größeres Interesse gehabt haben, als gewisse einheimische Behörden; und daß englische, französische, belgische und sonstige ausländische Behörden sogar mitten in Deutschland Filialen der Briefstieberei angelegt haben; — denn unter den erwiesenen Fällen befinden sich auch solche von in Deutschland aufgegebenen Briefen, die unzweifelhaft auf deutschem Boden erbrochen worden sind. Doch genug. Wir nehmen mit Befriedigung Akt von den thatsächlichen Feststellungen des Erkenntnisses und überlassen die Logik dem Leipziger Bezirksgericht. Hält Herr Stephan sich durch diese Logik gedeckt, so ist das seine Sache." —

* * *

Unser Thema so erschöpfend als möglich zu behandeln und um unseren völlig unparteiischen, objektiven Standpunkt zur Sache zu wahren, führen wir noch einige Fälle an, in denen uns seitens der deutschen obersten Postbehörde der Beweis erbracht zu sein scheint, daß die von französischen Blättern erhobenen Anschuldigungen, als sei von der deutschen Postverwaltung einzelnen Franzosen gegenüber das Briefgeheimniß verletzt worden, durchaus grundlos waren.

Im Jahre 1871 fabelten französische Blätter von einem Schwarzen Kabinet der deutschen Postverwaltung. Es ist leicht, ihren grundlosen Beschuldigungen, die auch von österreichischen Blättern reproduzirt wurden, entgegenzutreten. So lautete ein der „Oesterreichisch=Ungarischen Post" entnommener Artikel wörtlich: „Verletzung des Briefgeheimnisses. Das „Siècle" zitirt einen Fall, welcher deutlich beweist, daß die preußische (soll heißen deutsche) Post in Lothringen die

Briefe öffnet. Das „Siècle" ist im Besitz eines Briefes, welcher an einen seiner Abonnenten adressirt und von einem Verwandten desselben eingeschickt war. Dieser Brief wurde geöffnet und neuerlich versiegelt mit einer Siegelmarke, welche die Worte trägt: „Ober-Direktor der Posten in Elsaß-Lothringen. Kommission zur Oeffnung der Briefe." Wir bemerken dazu: Diese letzten Worte erklären Alles. Der in Rede stehende Brief war ein sogenannter „unbestellbarer", der vorschriftsmäßig behufs Ermittelung des Absenders von der betreffenden Kommission amtlich geöffnet und als der Absender ermittelt worden war, Letzterem amtlich wieder zugestellt wurde, ein ganz korrektes Verfahren, das, wie in Deutschland fast Jedermann weiß, Nichts mit Spionage oder gar einem Schwarzen Kabinet gemein hat.

Demungeachtet hatte sich um jene Zeit das Märchen von einem cabinet noir à Strassbourg (Schwarzes Kabinet zu Straßburg) eingeschlichen. So erzählte die Pariser „Liberté" ihren Lesern, Briefe ihres Wiener Korrespondenten vom 14., 15. und 16. November (1871) mit dem Aufgabestempel „Wien" gleichzeitig und alle drei neugestempelt (blau) mit „Straßburg" vom 19. November erhalten zu haben, die daher selbstverständlich dort geöffnet worden seien." Da dasselbe Blatt mit gehässigen Bemerkungen über deutsche Spionage die Versicherung verband, die Kouverts der drei Briefe in den Händen zu haben, die zur Verfügung aller Derer ständen, welche sich von der Wahrheit der behaupteten Thatsachen überzeugen wollten, richtete das deutsche General-Postamt bereits unterm 25. November ein offizielles Anschreiben an den General-Postdirektor der Posten zu Paris in dieser Sache. Herr Rampont le Chin wurde darin ersucht, von den fraglichen Briefkouverten, namentlich aber auch von den darauf befindlichen Stempeln, Kenntniß zu nehmen, wozu die „Liberté" ja selbst aufgefordert hatte, demnächst aber das Resultat der Untersuchung auf demselben Wege, auf welchem die Anschuldigung erhoben, öffentlich bekannt machen zu lassen. Das deutsche General-Postamt erörterte in diesem Schreiben zugleich, in welcher Weise die Sache hätte mißverstanden werden können. Die für Frankreich bestimmte Korrespondenz aus Oesterreich-Ungarn gelangt unter Verschluß, der in Oesterreich-Ungarn angelegt wird, und keineswegs einzeln nach Frankreich. Dieß allein schließt die bloße Möglichkeit aus, daß an irgend einer Stelle von deutscher Seite ein einzelner Brief eröffnet werde, also auch unmöglich in Straßburg. Trügen, wie behauptet ist, die Briefe den Stempel „Straßburg", so könnte das kaiserliche General-Postamt sich dieß nur durch den Umstand erklären, daß die französischen Bureaux von Stempeln Gebrauch machten, um die Route zu bezeichnen, welche die Briefe bei ihrem Eintritt in französisches Gebiet genommen haben, wie denn preußische Briefe sich gestempelt fänden mit „Prusse-Forbach" oder „Prusse-Erquelines". Das deutsche General-Postamt verhehlte dem französischen General-Postdirektor nicht, daß die deutsche Verwaltung sehr unangenehm davon berührt sein müsse, sich der Verletzung des Briefgeheimnisses und der Spionage so völlig grundlos verdächtigt zu sehen. „Vous sentirez, Monsieur, qu'il doit être fort désagréable à mon Administration de voir planer sur elle soupçon mal-fondé à touts égards, de faire le métier d'espion en violant le secret des lettres." Auf dieses amtliche Schreiben des deutschen General-Postamts vom 25. November erfolgte das nachstehende Antwortschreiben, das zwar nicht datirt ist, aber den Stempel vom 2. Dezember trägt: "Paris, le Décembre 1871. Direction générale des Postes, 2 Division, 1 Bureau, Correspondence-Étrangère. Monsieur le Directeur Géneral! J'ai reçu votre lettre du 25 Novembre dernier, relative à un article publié à Paris, dans le Journal „La Liberté", sous la date du 22 du même mois. Vos observations sont parfaitement fondées et j'espère qu'à bref délai, je pourrai vous annoncer que le rédacteur de l'article en question, — absent de Paris jusqu'à lundi matin, — aura courtoisement reconnu l'inexactitude des renseignements qui lui ont été fournis. Agréez, Monsieur le Directeur Général, l'assurance de ma haute considération. Le Directeur Général des Postes, Député signe Rambont. Monsieur le Directeur Général des Postes à Berlin." Seit Eingang jenes Schreibens ist eine geraume Zeit vergangen. Der französische General-Direktor hat die wie er hoffte „à bref delai" in Aussicht gestellte Mittheilung von einer öffentlichen Erklärung seitens der „Liberté" einzusenden nicht vermocht. —

Es ist übrigens eine bekannte Thatsache, daß heutzutage viel leichter und ohne Gefahr ein Brief erbrochen werden kann, als in früheren Zeiten mittelst bloßen Wasserdampfes, da die jetzige Verschlußart der Briefhüllen durch Leim keine Sicherung gibt.

Wir gestehen, daß uns eine häufig in den Zeitungen erlassene Verfügung des dermaligen deutschen General-Postdirektors auffiel, in welcher derselbe das Publikum vor Benutzung der ganz gummirten Briefkouverts warnte, verwahren uns aber feierlich dagegen, das Vorhandensein eines Schwarzen Kabinets, dem derartig verschlossene Briefe beim Oeffnen etwa einige Unbequemlichkeiten verursachen könnten, daraus zu folgern.

Im Postgesetze heißt es wörtlich über Postzwang. Verboten ist: „versiegelte, zugenähte oder sonst verschlossene Briefe ꝛc." auf andere Weise, als durch die Post zu befördern. Hiernach geht es dem Verwaltungschef gar nichts an, ob das Publikum seine Briefe zugenäht, versiegelt oder völlig zugekleistert zur Post gibt.

Eine interessante Illustration zu der — mindestens auffallenden, wenn nicht überflüssigen und zwecklosen — sich so häufig wiederholenden Aufforderung des General-Postdirektors an das Publikum, die Kouverts nicht ganz zuzukleben, resp. sich nicht ganz gummirter Kouverts zu bedienen, gab unlängst der Redakteur der in Königsberg i. Pr. erscheinenden „Deutschen Reichsspinnstube", der bekannte Reitenbach-Plicken, in folgender unterm 12. August 1875 erlassenen Bekanntmachung: „Den sich häufig wiederholenden Mahnungen der k. k. Post gegenüber, Briefe nicht fest zuzukleben, richte ich an meine Korrespondenten in Süddeutschland und namentlich in der Schweiz die Bitte, die Briefe an mich so fest, als möglich zu verkleben, da laut Postwunsch verklebte Schriftstücke den weiten Transport nicht auszuhalten scheinen.

Briefe aus Süddeutschland kommen oft und Briefe aus der Schweiz, namentlich doppelt schwere, fast immer offen oder stark verletzt an — so daß der Inhalt eingesehen werden konnte —, dann freilich wieder amtlich verschlossen. Mitunter ist das doch unangenehm, und die Beweise, daß Beamte, wenn auch kein Schwarzes Kabinet mehr existirt, von fremden Briefen Notiz nehmen, liegen ja vor. Plicken. J. Reitenbach."

* * *

Mögen die Schwarzen Kabinette aus unserem Vaterlande für immerdar verschwunden sein und Denjenigen — sei es auch der Höchste — die Verachtung des ganzen Volkes und die gesetzliche Bestrafung treffen, der das Briefgeheimniß nicht heilig hält und dasselbe auf irgend eine Art verletzt, wie z. B. durch das Einsehen der unter dem Schutze des Briefgeheimnisses stehenden amtlichen Abonnentenlisten auf Zeitungen zu dem Zwecke, die Abonnenten vom Abonnement auf gewisse Blätter abzuhalten, oder das Notiren der Adressen bei den Postanstalten von denjenigen Briefen und Kreuzbandsendungen, welche von gewissen hohen Herren mißliebigen Personen aufgegeben sind. Mit bloßen Interpellationen ist es in solchen Fällen nicht abgethan, sondern das Gesetz muß das gekränkte Recht durch Bestrafung des Schuldigen sühnen, wenn das Wort „Gleiches Recht für Alle!" nicht eine leere Phrase sein soll!

Anlage I.

Beschlagnahme von Postsendungen im Deutschen Reiche.

Die Beschlagnahme von der Post anvertrauten Sendungen kann gesetzlich in folgenden Fällen durch die Behörden stattfinden:

1) Die Gerichte und Staatsanwälte bez. deren Stellvertreter sind in strafgerichtlichen Untersuchungen zur Beschlagnahme von Postsendungen aller Art berechtigt, und es ist ihren Requisitionen, dieselben mögen auf Zurückhaltung oder Auslieferung der Sendungen oder auf Auskunftsertheilung über die Korrespondenz einer Person gerichtet sein, stattzugeben. Außerdem können

2) zur Verbreitung bestimmte Druckschriften nach den §§ 29 und 31 des Gesetzes über die Presse vom 12. Mai 1851 nicht nur durch die Gerichte und Staatsanwälte bezüglich deren Stellvertreter, sondern auch durch die Polizeibehörde und andere Sicherheitsbeamten, welchen die Pflicht zur Ermittelung von Verbrechen und Vergehen obliegt, mit Beschlag belegt werden. Desfallsigen Requisitionen der Polizeibehörden und der vorbezeichneten Sicherheitsbeamten ist jedoch nur insoweit Folge zu geben, als ohne Eröffnung des Verschlusses der betreffenden Sendungen ersichtlich ist, daß dieselben Druckschriften der genannten Art enthalten. Ist letzteres der Fall, so sind die mit Beschlag belegten Druckschriften nicht nur zurückzubehalten, sondern auch auf Verlangen des Requirenten demselben auszuliefern.

3) In den bei den Gerichten schwebenden Zivilprozessen steht den Gerichtsbehörden nur die Befugniß zu, Briefe mit Werthangabe, Packete mit und ohne Werthangabe und Postanweisungen mit Arrest zu belegen. Im Falle einer solchen Beschlagnahme sind der Adressat der Sendung und ein von der requirirenden Behörde zu bezeichnender Beamter zur nämlichen Zeit zum Postbureau zu laden; es ist dann dem Adressaten in Gegenwart des letztgenannten Beamten die Sendung vorzulegen und dem Beamten die Ergreifung weiterer Maßnahmen zu überlassen. — Verweigert der Adressat die Annahme einer solchen Sendung, so ist dieselbe als unbestellbar an den Aufgabeort zurückzuschicken.

Von der Postverwaltung ist eine Verhandlung über den Hergang der Sache aufzunehmen.

Ein gleiches Verfahren ist einzuhalten, wenn Briefe mit Werthangabe, Packete mit oder ohne Werthangabe und Postanweisungen durch andere Behörden, welchen das Recht zur Vollstreckung von Exekutionen zusteht, im Wege der Exekution mit Beschlag belegt worden sind.

Findet im Bezirke des Apellationsgerichtshofes zu Köln eine Beschlagnahme von Postsendungen wegen eines Zivilanspruches statt, so ist jedesmal an die vorgesetzte Ober-Postdirektion zu berichten und deren weitere Anweisung einzuholen. Endlich sind

4) Postsendungen aller Art, sobald über das Vermögen des Adressaten der Konkurs eröffnet und demnach der offene Arrest erlassen worden ist, dem § 149 der Konkursordnung vom 8. Mai 1855 zufolge, nicht dem Adressaten, sondern dem von dem Gerichte bestellten Verwalter der Konkursmasse auszuhändigen.

Ebenso sind in dem Bezirke des Appellations-Gerichtshofes zu Köln solche Postsendungen, deren Adressat durch gerichtliches Erkenntniß für fallit erklärt ist, gemäß Art. 463 und 482 des Rheinischen Handelsgesetzbuches, nicht an den Adressaten, sondern an die von dem Gerichte bestellten Agenten oder, nach Bestellung des Fallimentssyndik, an diesen auszuantworten.

In allen anderen, zu keiner der vorbezeichneten vier Kategorien gehörigen Fällen ist den Beschlagnahmen von Postsendungen, selbst wenn dieselben durch Polizei- oder andere Behörden verfügt sind, keine Folge zu geben und jede Auskunft darüber, mit wem Jemand korrespondirt, zu versagen.

In allen Fällen, in welchen eine zulässige Beschlagnahme von Postsendungen stattgefunden hat, sind die darauf haftenden Porto- und sonstigen Gebühren dessenungeachtet zu erheben. Es darf daher die Aushändigung derartiger Sendungen an den Requirenten nur nach vorgängiger baarer Zahlung der dafür zu entrichtenden Beträge erfolgen, und kann auch später, selbst wenn der Angeschuldigte im gerichtlichen Strafverfahren freigesprochen oder als zahlungsunfähig befunden wird, eine Erstattung jener Beträge nicht erfolgen, ausgenommen, wenn die Beschlagnahme im Interesse der Postverwaltung bewirkt ist, oder eine Beförderung der Sendung überhaupt noch nicht stattgefunden hat.

Sind Sendungen bei der Postanstalt am Bestimmungsorte mit Beschlag belegt und demgemäß an die requirirende Behörde überantwortet, so ist ihre Wiederannahme zur Behändigung an den Adressaten nicht gestattet, vielmehr hat die gedachte Behörde die betreffende Sendung nöthigenfalls dem Adressaten selbst zuzustellen. Dagegen dürfen Sendungen, welche am Ort der Aufgabe oder während ihrer Beförderung, ehe sie an den Bestimmungsort gelangt waren, mit Beschlag belegt und ausgeliefert worden sind, zur Absendung bez. Weiterbeförderung unter der Bedingung wieder angenommen werden, daß die Behörde, welche die Beschlagnahme verfügt hat,

1) auf dem Kouvert unter Beifügung ihrer Unterschrift und ihres Dienstsiegels bescheinigt, „daß die Sendung von ihr auf Grund der gesetzlichen Bestimmungen mit Beschlag belegt und demnächst wieder zur Post geliefert sei," (Bei Packeten sind die von der Postanstalt zurückbehaltenen Post-Packetadressen der betreffenden Behörde zur Ausstellung der Bescheinigung zuzustellen und nach dem Rückempfange mit den Packeten nach dem Bestimmungsorte weiter zu senden) und daß sie

2) das Kouvert oder die Verpackung, falls sie dieselben geöffnet hat, mit ihrem Dienstsiegel wieder verschließt.

Fehlt es an diesen Erfordernissen, so haben die Postanstalten die Wiederannahme zu beanstanden, bis von der betreffenden Behörde den vorstehenden, ihr sofort mitzutheilenden Bedingungen genügt ist."

„In zweifelhaften Fällen haben die betreffenden Postanstalten an ihre vorgesetzte Ober-Postdirektion zu berichten. Letztere haben bei Erledigung der an sie eingehenden Beschlagnahme von Briefen ꝛc. betreffenden Anfragen und Requisitionen — sofern die Entscheidung nicht völlig ohne Bedenken ist — ihre Justitiarien zu ziehen."

Diese in den ältern preußischen Landestheilen gültigen Bestimmungen sind auch für die übrigen Postanstalten in Gültigkeit gesetzt worden, selbstverständlich unter einigen seit Erlaß jener Bestimmungen neugeschaffenen einschlägigen Gesetze begründeten Modifikationen. — An Stelle des Abschnittes 2 ist die nachfolgende Bestimmung getreten:

Bezüglich der Beschlagnahme von Druckschriften, welche zur Verbreitung bestimmt sind, kommen im ganzen Reichs-Postgebiete (mit Ausschluß von Elsaß-Lothringen) die in den §§ 23 und 27 des Reichsgesetzes vom 7. Mai

König. Schwarze Kabinette. 5

1874 enthaltenen Bestimmungen zur Anwendung. Den besfallsigen Requisitionen der Gerichte, der Beamten der Staatsanwaltschaft und der Polizeibehörden ist seitens der Postanstalt nur insofern Folge zu geben, als ohne Eröffnung des Verschlusses ersichtlich ist, daß dieselben Druckschriften der genannten Art enthalten. Ist letzteres der Fall, so sind die mit Beschlag belegten Druckschriften nicht nur zurückzubehalten, sondern auch auf Verlangen der Behörde derselben auszuliefern.

Jene Paragraphen des Reichsgesetzes über die Presse vom 7. Mai 1874, mit welchen seit 1. Juli 1874 nicht nur die preußische Presse und die Preußen beschenkt wurden, sondern auch die Sachsen, Baiern, Würtemberger, überhaupt alle zum heutigen Deutschen Reiche gehörenden Staaten, welche sich bis dahin zum größten Theil in Bezug auf die Presse viel liberalerer Gesetze erfreuten, lauten wörtlich:

§ 23. Eine Beschlagnahme von Druckschriften ohne richterliche Anordnung (die Gerichte können die Beschlagnahme von Druckschriften auch in anderen, als den im § 23 erwähnten Fällen verfügen) findet nur statt:
1) wenn eine Druckschrift den Vorschriften der §§ 6 und 7 nicht entspricht, oder den Vorschriften des § 14 zuwider verbreitet wird. (§ 6 des Reichs-Preßgesetzes betrifft die Verpflichtung zur Angabe des Namens und Wohnorts des Druckers auf Druckschriften, und wenn letztere für den Buchhandel oder sonst zur Verbreitung bestimmt sind, des Namens und Wohnorts des Verlegers, bez. des Verfassers oder Herausgebers. § 7 a. a. O. spricht die Verpflichtung aus, bei Zeitungen und Zeitschriften, welche in monatlichen oder kürzeren, wenn auch unregelmäßigen Fristen erscheinen, außerdem auf jeder Nummer ꝛc. den Namen und Wohnort des verantwortlichen Redakteurs anzugeben. Nach § 14 ist der Reichskanzler in gewissen Fällen berechtigt, die fernere Verbreitung von im Auslande erscheinenden Druckschriften zu verbieten.)
2) wenn durch eine Druckschrift einem auf Grund des § 15 dieses Gesetzes erlassenen Verbot zuwider gehandelt wird. (Nach § 15 des Reichs-Preßgesetzes steht dem Reichskanzler das Recht zu, in Zeiten der Kriegsgefahr oder des Krieges Veröffentlichungen über Truppenbewegungen oder Vertheidigungsmittel zu verbieten.
3) wenn der Inhalt einer Druckschrift den Thatbestand einer in den §§ 85, 95, 111, 130 und 184 des deutschen Strafgesetzbuches mit Strafe bedrohten Handlungen begründet, in den Fällen der §§ 111 und 130 jedoch nur dann, wenn dringende Gefahr besteht, daß bei Verzögerung der Beschlagnahme die Aufforderung oder Anreizung ein Verbrechen oder Vergehen unmittelbar zur Folge haben werde. (Die angeführten Paragraphen des Reichsstrafgesetzbuches bedrohen folgende Handlungen mit Strafe:
§ 85. Die öffentliche Aufforderung zum Hochverrath;
§ 95. Die Beleidigung des Kaisers oder Landesherrn;
§ 111. Die öffentliche Aufforderung zur Begehung einer strafbaren Handlung;
§ 130. Die öffentliche, in einer den öffentlichen Frieden gefährdenden Weise stattfindende Anreizung verschiedener Klassen der Bevölkerung zu Gewaltthätigkeiten gegen einander;
§ 184. Den Verkauf oder die Verbreitung ꝛc. von unzüchtigen Schriften, Abbildungen und Darstellungen.)

§ 27. Die Beschlagnahme von Druckschriften trifft die Exemplare nur da, wo dergleichen zum Zwecke der Verbreitung sich befinden. Sie kann sich auf die zur Vervielfältigung dienenden Platten und Formen erstrecken; bei Druckschriften im engeren Sinne hat auf Antrag des Betheiligten statt Beschlagnahme des Satzes das Ablegen des letzteren zu geschehen.

Bei der Beschlagnahme sind die dieselbe veranlassenden Stellen der Schrift unter Anführung der verletzten Gesetze zu bezeichnen. Trennbare Theile der Druckschrift (Beilagen einer Zeitung ꝛc.), welche nichts Strafbares enthalten, sind von der Beschlagnahme auszuschließen.

Anlage II.

Anhang zu dem „Schwarzen Kabinet Oesterreichs".

Zum besseren Verständniß des Schwarzen Kabinets Oesterreichs glauben wir die nachfolgende

„kurz gefaßte Geschichte des Hauses Thurn und Taxis"

geben zu müssen.

Als Stifter des Hauses Thurn und Taxis wird Martin Giras (Riese genannt) bezeichnet, welcher von den della Torre oder Torriani, Herren von Mailand, abstammte. Dieser Martin Giras zog im Jahre 1146 mit dem Kaiser Konrad III. ins gelobte Land und kehrte von dort nicht wieder zurück. Sein Sohn, Jacob de la Tour, Graf von Valsassina, besaß drei Söhne, Raymond (Bischof von Como), Napus oder Napoleo und Franciscus. Diese eilten der Stadt Brescia, welche sich am 30. Januar 1266 empört hatte, zur Hülfe und wurden zu Herren der Stadt erwählt. Der dritte, Franciscus de la Tour, wurde vom König Karl IV. von Frankreich (1322) zum Ritter und französischen Grafen ernannt. Sein Urneffe Lamoral, der Jüngste seiner fünf Brüder, ist der zweite Ahnherr und Namenvater des fürstlichen Hauses. Er lebte um die Mitte des vierzehnten Jahrhunderts. Von seinen mächtigen Verfolgern, den Bisconti's, vertrieben, flüchtete er in das Thal Cornelin im Bergamesischen. Er liebte die Jagd und lag derselben in seinem Eigenthum, dem Tassischen Gebirge, mit Leidenschaft ob. Nach jener Gebirgsgegend nannte er sich bi Taxzis und bi Tassi. Seine Nachkommen, die den Namen Taxzis beibehielten, zogen nach Bergamo und später ins Oesterreichische.

Ein Urenkel des oben genannten Lamoral, Roger von Taxzis, trat als Ober-Jägermeister in die Dienste des Römischen Kaisers deutscher Nation. Sein Sohn, Francesco IV., genannt Torriani, legte dem Kaiser einen Plan vor, wie eine regelmäßige reitende Post mit Pferdewechsel an gewissen Plätzen zwischen Wien und Brüssel anzulegen sei; zuvor hatte jedoch schon sein Vater, Roger I. von Tassis, und zwar schon 1451 in Tirol und Steiermark eigene uniformirte Reitboten auf eingerichteten Pferdewechseln organisirt.

Nach dem Plane Francesco's von Taxis sollte mit dieser Post zwischen Wien und Brüssel zugleich Privatpersonen gegen billige Vergütung ihre Bestellungen besorgen zu lassen erlaubt sein. Dagegen sollten die kaiserlichen Depeschen kostenfrei befördert werden, wenn der Kaiser ihm und seinen Nachkommen das Eigenthumsrecht und die freie Benützung der zu diesem Behufe zu errichtenden Anstalt gewähre.

Maximilian gab im Jahre 1516 dem Vorschlage seinen Beifall und ernannte als Herzog von Burgund den genannten Francesco von Tassis zum niederländischen General-Postmeister. Derselbe legte in Folge dessen eine Reitpost von Brüssel nach Frankreich und von Brüssel nach Flamisoul (Bisthum Lüttich), Kreuznach (Erzbisthum Trier), Hochstift Speier über Rheinhausen, durch Würtem-

5*

berg, Augsburg nach Wien und durch Tirol, Mailand, Mantua nach Venedig und Rom an und bestellte an gewissen Orten Verwalter und reitende Boten (Postillons) mit Pferden zum Abwechseln, welche die Briefpackete von einer Station zur anderen bringen sollten. Unter dem Namen Torriani war genannter Franciscus im Jahre 1493 in die Dienste Maximilian's I. als Corriere maggiore (Courier-Chef) dell' Imperadore Massimiliano getreten. Nachdem ihm im Jahre 1516 das Lehen als General-Postmeister in Spanien und den Niederlanden ertheilt worden war, starb Franciscus schon im folgenden Jahre ohne Söhne. Nach ihm wurde sein ältester Neffe Johann Baptiste de Taffis vom Kaiser Karl V. in die Würde des Oheims eingesetzt und im Römisch-Deutschen Reiche nationalisirt. Darum nahm Baptiste die deutschklingenden Namen Thurn und Taxis an, und veränderte das Familien-Wappen. (Ein quadrirtes Schild mit einem Mittelschilde. Das erste und vierte Viertel im silbernen Felde ein rother Thurm, hinter diesem 2 Lilienzepter in Form eines Andreaskreuzes, wegen des Hauses Thurn. Im zweiten und dritten Viertel im goldenen Felde ein rother Löwe mit einer blauen Krone, wegen der Grafschaft Balsassina. Das Mittelschild im blauen Felde ein silberner Dachs.) Ein Jean Antoine de Taffis war kaiserlicher General-Postmeister in Rom, ein Antonius de Taffis Postmeister in Antwerpen, ein David de Taffis Postmeister in Venedig. Der jüngere Sohn des Johann Baptiste, Franz Leonhard I. folgte, laut Karl's V. Bestallungsurkunde d. d. Brüssel am 31. Dezember 1543 und der Bestallungsurkunde Ferdinand's I. in Wien vom 21. August 1563 in der Würde eines General-Oberst-Postmeisters in Flandern, und ward vom Kaiser Rudolph II. den 16. Juni 1595 zum General-Oberst-Postmeister im Reich und zum Reichsfreiherrn ernannt. Er ist der erste seines Stammes, der nicht in Italien geboren wurde; er kam in Flandern zur Welt. Er starb 1612. Sein Sohn Lamoral I. (in der Familie der zweite) nahm Kriegsdienste, wurde Brigadier, kaiserlicher Truchseß, von Kaiser Mathias zum Reichsgrafen ernannt, und durch den Lehnbrief vom 27. Juli 1615 mit dem Reichs-Erb-General-Postmeisteramt im Reich und den Niederlanden belehnt; es waren mithin jetzt die Staatsämter beider Linien vereinigt worden. Lamoral I. starb 1624 und hinterließ einen einzigen Sohn Leonhard II. als Nachfolger und Post-Chef, einen sehr gelehrten und einsichtsvollen Mann, der aber schon nach 3 Jahren starb (1628 in Prag). Sein unmündiger Sohn und Nachfolger Lamoral II. Claudius Franz stand unter der Vormundschaft seiner Mutter. Dieser Lamoral mußte nach erlangter Volljährigkeit, den seine Macht sehr beschränkenden Revers vom 16. März 1647 ausstellen, in welchem er nächst dem Kaiser auch den Kurfürsten von Mainz als seinen Oberherrn anerkannte. Er starb 1673. Ihm folgte sein Sohn Eugen Alexander Franz. König Karl II. von Spanien, damals auch Herr der Niederlande, verwandelte 1681 die dem Hause Taxis gehörige Herrschaft Braine le Chateau (in der Grafschaft Hennegau) in ein Fürstenthum unter dem Namen de la Tour et Taffis, und erhob Eugen in den Fürstenstand von Spanien. Kaiser Leopold bestätigte das Geschehene und ernannte Eugen 14 Jahre später, am 4. Oktober 1695 auch zum deutschen Reichsfürsten. Sein Sohn Anselm Franz Friedrich erbte 1722 Stand und Würde des Vaters, als General-Erb-Ober-Postmeister im römischen Reiche, in Burgund und den Niederlanden, und erhielt den Orden des goldenen Bließes. Er lebte bis 1739, in welchem Jahre sein Sohn Alexander Ferdinand in den Besitz der Aemter seines Vaters trat. Derselbe wurde vom Kaiser Franz I. im Jahre 1747 mit dem Reichspost-Generalat als ein wirkliches Thronlehen belehnt und 7 Jahre später, 1754 auf dem Reichstage in Regensburg in das Reichsfürstliche Kollegium eingeführt. Er starb den 17. März 1773 in der Zeit des höchsten Glanzpunktes seines Hauses. Ihm folgte sein Sohn Karl Anselm. Nach seinem Tode, 13. November 1805, übernahm sein Sohn Alexander Karl Joseph seines Vaters Amt. Mit Auflösung des alten, morsch gewordenen tausendjährigen Reiches 1806 ward auch das Reichspostwesen vernichtet. Alexander Karl Joseph trat nun in ein anderes Verhältniß, in das eines Chefs der Landespostanstalten einiger deutschen Staaten.

Sein Sohn Maximilian Karl übernahm am 5. Juli 1827 nach seines Vaters Tode dieselben Verpflichtungen.

Zu Vorstehendem bemerken wir noch: Es ist allerdings richtig, daß schon vor Errichtung der Posten in Deutschland eigene Boten-Anstalten bestanden, das Hauptverdienst indessen, Posten in Deutschland eingeführt zu haben, gebührt unstreitig, wie schon erwähnt Francesco de Tassis, obzwar sein Vater, Roger I. bereits um das Jahr 1451 eine Art von Posten in Tyrol und Steyermark einrichtete.

Kaiser Maximilian I. (geb. 1459) hatte Wien zum kaiserlichen Hoflager erwählt. Da er nun für seinen Sohn Philipp zugleich die Burgundischen Lande verwaltete, so sann er auf ein Mittel, wie die Regierungsbefehle, Anordnungen ꝛc. am schnellsten und besten hin und her befördert werden könnten.

Die zu dem Zwecke bisher abgesandten eigenen Kouriere verursachten einen großen Kostenaufwand, der täglich drückender wurde. Da legte Francesco de Tassis den schon angeführten Plan vor, wie eine regelmäßige reitende Post mit Pferdewechsel an gewissen Plätzen zwischen Wien und Brüssel anzulegen sei. Mit dieser Post sollte zugleich Privatpersonen gegen billige Vergütung, ihre Bestellungen besorgen zu lassen, erlaubt sein. Dagegen sollten die kaiserlichen Depeschen kostenfrei befördert werden, wenn der Kaiser dafür ihm und seinen Nachkommen das Eigenthumsrecht und die freie Benutzung der zu diesem Behufe zu errichtenden Anstalt gewähre. Maximilian gab, wie Eingangs bereits erzählt, dem Vorschlage seine Zustimmung und ernannte in seiner Eigenschaft als Herzog von Burgund den genannten Tassis zum niederländischen General-Postmeister. Derselbe legte in Folge dessen die schon Anfangs angeführten Postrouten an. Seit jenen Zeiten ist auch das Wort „Posten" gebräuchlich und wurde den Postanstalten zu Roß und Fuß beigelegt. Hoffentlich wird der Ausdruck, der wohl allen Nationen gemeinsam geworden ist, bleiben, selbst wenn der Sprachreiniger und Ehrendoktor, Herr Stephan, noch auf den Einfall kommen sollte, sich auch noch mit Ausmerzung dieses „Fremdworts" mit den Lorbeeren unvergänglichen Ruhmes zu bedecken.

Jedermann zweifelte am Fortbestehen und dem Ertrage der Anstalt. Als jetzt die Kaufleute ihre Briefe und Wechsel für ein verhältnißmäßig geringes Postgeld sicher und schnell befördern konnten, wurde das Institut eifrig von denselben benutzt und brachte einen ungemein hohen Portogewinn. Gegen Gewährleistung freier Beförderung des herrschaftlichen Schriftwechsels erlaubten und schützten die meisten Höfe die Postanlagen des Tassis in ihren Landen.

Ulrich, Herzog von Würtemberg (1498—1550) ward der Hauptbeförderer dieser spanisch-italienischen Posten dadurch, daß er in seinem Lande 4 Stationen — in Kanstatt, Ebersbach, Enz-Weihingen und Knittlingen — jedoch unter seiner Landeshoheit bleibend erlaubte und den Taxis'schen Postbeamten besondere Benefizien gewährte.

Jene Begünstigungen wurden in der Folge der Grund alles Streites und aller Gewaltschritte der Taxis'schen Postbeamten, weil sich dieselben in allen Städten und Reichsgebieten jene Benefizien als ein Monopolium privativum zueigneten und als sich von selbstverstehende Pflicht des Landesherrn forderten.

Die Fortschritte und wachsende Ausdehnung dieser Niederländisch-Taxis'schen Posten in Seitenzweige, ohne Anfrage bei den Reichsständen, erregte allerlei Bedenken der Landesherren, besonders, als Johann Baptiste vom Kaiser nationalisirt wurde und die Namen von Thurn und Taxis angenommen hatte. Die Reichsstände sahen in diesem Vorgehen eine Gefährdung und einen Abbruch ihrer eigenen Botenanstalten und fürchteten, daß ein Fremder wohl gar die Aufhebung der städtischen Briefbestellungen fordern könne.

Karl V., gezwungen durch die Vorstellungen der Reichsfürsten, und durch die Wahlkapitulationen, erklärte nicht nur, daß die Hoheitsrechte der Reichsstände aufrecht erhalten und nicht verletzt werden sollten, sondern spricht in dem Bestallungsbrief vom 31. Dezember 1543 allein von einer „Niederländischen Post im Reiche", welche der König von Spanien unterhalte, und daß
„den Taxis'schen Boten und Feleis in jedem Lande und Orte des
„deutschen Reichs ungehinderte Passirung und Oeffnung, Pferde und
„Nothdurft gegeben werde."

Ferdinand I. bestätigte in der Urkunde vom 21. August 1563 den Bestallungsbrief für den Leonhard von Taxis und ermahnte sämmtliche Reichsfürsten:

„ben Reichsposten so gemelter König (Philipp I.) zu Hispanien allein
„besolbet, in allen Landen, Städten, Märkten, Flecken und Gebieten
„und Verwaltungen bei Nacht und Tag Pässe und Oeffnung gegeben
„werben solle, ꝛc. ꝛc. als lieb Euer jedem sey, Unser und des Reichs
„schwere Ungnad und Straff zu vermeyben ꝛc. ꝛc."

Ferdinand's Absicht war, burch biese Urkunde bas Reichspostwesen gegen bie
Hemmnisse, bie bemselben burch bie Grillen und ben Starrsinn einzelner Fürsten
und beren Reichskanzler bereitet wurden, entgegenzutreten, nicht aber um bem
Taxis ein alleiniges Privilegium zu verleihen.

Bis zu bamaliger Zeit ging bie Spanisch-Brüsseler Post wöchentlich einmal mit einer Seitenpost von Rheinhausen nach Speier. 1580 entstanden bie
reitenben Posten von Köln nach Kreuznach und von Rheinhausen nach Frankfurt
a. M. Starke Briefpackete wurden unzenweise mit bem halben Briefporto,
Akten pfundweise mit 1½ Thlr. austaxirt.

Trotz reichlicher Einnahme und Unterstützung gerieth bieß Postwesen in
Verfall. In Folge bessen verwenbeten bie General-Postmeister bie Posteinkünfte
zu ihrer Selbsterhaltung. Sie bezahlten weber Dienstausgaben, noch Rückstänbe,
und besolbeten keinen Beamten, begehrten aber bennoch von ben Posthaltern bie
Fortschaffung ber Posten. Da trat 1586 ber vormalige Taxis'sche Postmeister
Jacob Henott aus Köln auf und legte bem Kaiser Rudolf II. einen Plan vor,
wie bas in Verfall gekommene Postwesen wieber in Aufnahme gebracht werbe
und er bie niederländisch-italienische Post wieber an sich bringen könne. Kaiser
Rudolf II. genehmigte ben Vorschlag. Henott legte nun auf eigene Kosten
einen Postenkours von Köln über Bonn, Remagen, Walbesch, Kesselbach und
Walbstein nach Kreuznach an, wo bie Influenz in bie Taxis'sche Post von Brüssel
nach Augsburg und Italien genommen wurde. Indessen geriethen bie Henott-
schen und Taxis'schen Posten nicht selten in Handgemenge, bis sich Henott
mit Taxis vereinte und wieber in Taxis'sche Dienste trat.

Kaiser Rudolf ernannte in Prag burch Patent vom 16. Juni 1595
Leonhard von Taxis zum Reichs-General-Erbpostmeister und Reichsfreiherrn,
mithin zum Oberhaupt aller Postanstalten im Deutschen Reiche.
Zubem wurden alle Reichsfürsten aufgeforbert, bie Taxis'schen, nun kaiserlichen
Reichsposten in ihr Gebiet aufzunehmen.

Auf Leonhard's Anbringen erschien am 6. November 1597 ein Patent bes
Kaisers mit bem Besehl an alle Reichsstänbe, ben Reichsposten keinen Eintrag,
Hinberniß ober Nachtheil zu thun, und alles Botenwesen ber Handelsleute ab-
zuschaffen.

Daburch gerieth ganz Deutschland in Aufregung. Herzog Friedrich von
Würtemberg, erzürnt über biese Zumuthung, antwortete im Einverständniß ber
Mitfürsten eigenhänbig auf bas Patent:

„Weil es seine Schuldigkeit ist, barf man auch nicht pariren, wie Wir
„es benn auch nicht thun werben, ober Ihre Majestät für bie Posten
„bitten, selbe anbers wohin zu legen, bann wie es vor alters gehalten
„worben, so bleibt es."

Und so blieb es auch, Niemand parirte. Das so kräftig unterstützte Reichspostwesen sank immer tiefer in Schulden und schien Enbe bes Jahrhunderts bem
Verschwinden nahe.

Der Kaiser mußte von Neuem ber Verarmung vorbeugen und zur Rettung
beitragen. Kaiser Mathias ernannte 1611 Lamoral von Taxis zum kaiserlichen
Truchseß und erneuerte bie reichsgräfliche Würbe seiner Vorfahren Rudolph vom Jahre 1597.
Er ertheilte bemselben bie reichsgräfliche Würbe und „begnabete" ihn mit bem
erblichen Amte eines Reichs-General-Postmeisters in Deutschland burch ben
Lehnbrief vom 27. Juli 1615.

Mit bieser Erbbelehnung fangen erst bie eigentlichen Machtbefugnisse bes
Hauses Taxis in Deutschland an; benn vorher waren bie Taxis'schen Posten
bem ursprünglichen Zwecke und Namen nach königlich spanische. Durch bas
Erblehen traten erst in bie Gültigkeit und bas Wesen einer beutschen
und Reichs-Anstalt.

Lamoral hatte jeboch sieben Tage zuvor in einem ausgestellten Revers
vom 20. Juli 1615 für sich und seine Nachfolger im Lehen versichern und

angeloben müssen, den Erzbischof und Kurfürsten von Mainz, J. Schweicarbten und dessen Nachkommen im Erzkanzler-Amt als seinen Protektor und zweites Oberhaupt zu erkennen, und demselben zu gehorsamen, neue Kourse von Köln und Frankfurt am Main nach Nürnberg und Böhmen zu errichten, alle kaiserlichen Staffetten und den Schriftenwechsel des Kaisers, dessen Familie, Hofstaats und der Landesbehörden umsonst befördern zu lassen, und die österreichischen Postämter nicht anzufechten und zu beeinträchtigen.

Trotz der Patente des Kaisers gerieth das Postwesen doch in Verfall, namentlich in Köln und Nürnberg.

Während dieser Zeit starb Lamoral. Sein Sohn Leonhard II. folgte ihm in der Würde. Er richtete sein Hauptaugenmerk vornämlich darauf, mit der Erbbelehnung des österreichischen Postwesens beglückt zu werden. In Oesterreich nämlich hatten die Kaiser ihr eigenes Postwesen, von den übrigen deutschen Fürsten verlangten sie jedoch, daß sich dieselben die Thurn und Taxis'sche Post gefallen ließen, während sie sich in ihren Erblanden an ihre eigenen Patente und Verordnungen nicht kehrten und dort die Thurn und Taxen eben nur im Dienste der „Schwarzen Kabinette" verwendeten. Lamoral's Hoffnungen scheiterten indessen und die Familie des Reichsfreiherrn von Paar gelangte ihres größeren Einflusses halber an die Spitze des österreichischen Postwesens.

Die Reichspost-Anstalten wurden im Süden Deutschlands von Jahr zu Jahr drückender; denn Kaiser Ferdinand hatte sogar geboten, die Reichspostbeamten mit aller Einquartierung, Steuern 2c. zu verschonen.

Im Norden Deutschlands war es anders. Die freisinnigeren Fürsten und die Hansa hatten schon längst das Postwesen geeignet gefunden, den Verband mit anderen Staaten zu bewirken, und besonders den Handel mit dem Auslande zu befördern. Darum errichteten denn auch 1647 die fürstlichen Häuser Sachsen, Hessen-Kassel, Braunschweig, Brandenburg 2c. neue eigene Landesposten, ohne sich an die Angriffe des Reichspostmeisters und die Verbote des Kaisers zu kehren.

Durch den Artikel V § 56 und Art VIII § 1 des westphälischen Friedens zu Münster und Osnabrück vom 14/24. Oktober 1648 wurde den Reichsfürsten Deutschlands die unbeschränkte Oberhoheit ihres Staates zuerkannt und dadurch die Grundfesten des Taxis'schen Postgebäudes erschüttert. Beide Paragraphen beschränkten nämlich die Gewalt des Reichspostwesens insofern, daß denjenigen Reichsgebieten, in welchen noch keine Taxis'schen Posten vorhanden waren, solche nicht aufgedrungen werden sollten und könnten.

Kurfürst Friedrich Wilhelm von Brandenburg war der Erste, der jede Anfechtung seines Postregals widerstritt. Seinem Beispiele folgten Kursachsen, Braunschweig und Hessen. Zwei Jahre später, am 28. Mai 1660, erschien ein Patent Kaiser Leopold's I., welches alle eigenen Posten aufhob; trotzdem behielten mehrere Staaten ihre Landesposten bei.

Kaiser Leopold I., der dem Hause Taxis gewogen war, ernannte 1695 Eugen Alexander Franz von Taxis, um dessen Hause mehr Ansehen den renitenten Fürsten gegenüber zu verleihen, zum Reichsfürsten in Deutschland, nachdem er schon früher — 1681 — vom König Karl II. von Spanien in den spanischen Fürstenstand erhoben worden war.

Trotzdem war das Taxis'sche Postwesen zu Anfang des 17. Jahrhunderts in Abnahme: Brandenburg-Preußen, Sachsen, Braunschweig, Hannover und Hessen hatten ihre eigenen Posten. In den Bisthümern Hildesheim, Paderborn, Münster und im Minden'schen waren die Reichsposten bloße Durchzügler (sie transittirten bloß durch diese Lande). Die geistlichen Fürsten in Mainz, Trier und Köln, und die anderen geistlichen Landesherren ließen zwar die Reichsposten nach Gutdünken und nach einem höchst gelinden Vertrage schalten und walten, sie gestatteten jedoch den benachbarten Fürsten im Stiftsgebiete ebenfalls Stationen zu errichten und Posten jeder Art durchzuführen. Nur in Süddeutschland blieben Bayern und Würtemberg und ihre Reichsgenossen dem Hause Taxis.

Dennoch hatte das Taxis'sche Postgebiet eine große Ausdehnung und zu Zeiten der schlesischen Kriege eine hohe Stufe erreicht (besonders im heimlichen Erbrechen der Briefe). Im Süden und Westen, zum Theil in Mitteldeutschland, in allen deutschen Rheinländern, in sämmtlichen Reichsstädten und geistlichen Bisthümern herrschten die Reichsposten und man kann füglich annehmen, daß dieß die Periode der höchsten Blüthe des Taxis'schen Postwesens war. Dieß währte bis 1790. Die Verwicklungen der damaligen Zeit wirkten auch auf das Glück und den Reichthum des fürstlichen Hauses Taxis ein und führte den Verlust der Posten in Flandern und Brabant herbei.

Diese Stürme benutzte Kur-Hannover, sich der Taxis'schen Posten zu entledigen, ebenso Braunschweig, die nun eigene Landesposten durchgehends einführten.

Vergebens wandte sich Fürst Anselm von Taxis an den König von Preußen mit dem Gesuche, seine Wiedereinsetzung in die entzogenen Postbesitzungen bei den Kaiserwahl-Gesandten in Frankfurt a. M. zu vermitteln, und so verblieben die Thurn und Taxis'schen Posten nur in wenigen Ländern.

Durch die französischen Kriege, in denen die Länder auf der linken Rheinseite mit Frankreich vereinigt wurden, verlor Taxis die Reichspostanstalten vom linken Rheinufer, ferner das Amt als Erb-General-Postmeister der Niederlande und als kaiserlicher Reichs-General-Erbpostmeister in Deutschland mit seinen Posten in den Kleveschen Provinzen Jülich, Zweibrücken und in den Bisthümern Köln und Trier.

Um einigermaßen den Verlust zu decken, hatte Fürst Karl Anselm in den Ländern diesseits des Rheins, und wo es sonst gestattet wurde, seine Posten einrichten lassen und knüpfte Unterhandlungen an.

Durch des Reichs-Deputations-Hauptschluß in Regensburg am 25. Februar 1803, § 13 wurde dem Fürsten von Taxis außer einer unbedeutenden Länder-Zutheilung, die Erhaltung der Posten des Fürsten von Thurn und Taxis, sowie sie konstituirt waren, garantirt und dem Schutze des Kaisers und des Kurfürstlichen Kollegiums übergeben.

In diesem Staatsgesetze erscheinen diese sonst als kaiserliche Reichsposten bekannten Taxis'schen Posten als bloße fürstlich Taxis'sche Posten angeführt; das Reichs-General-Erb-Postamt war somit aufgehoben.

Fürst von Taxis verlangte den fortdauernden Besitz aller bisher ihm eigenthümlichen Postanstalten. Es blieb indessen beim Obigen, die Reichsposten konnten nicht länger in Deutschland gestattet werden.

Durch solche Verluste und schlechten Aussichten bewogen, schloß der Fürst von Taxis in den Jahren 1804 und 1805 besondere Postverträge mit Nassau, Hessen-Darmstadt, Baden, Würtemberg, Pfalzbayern, Würzburg und den herzoglich sächsischen und fürstlich reußischen Häusern wegen Ueberlassung des Postwesens ab.

Durch die Auflösung des deutschen Reiches (1806) war auch allen einzelnen Staaten desselben die Macht gegeben, die in ihrem Gebiete vorhandenen Reichs- oder fürstlich Taxis'schen Posten aufzuheben und das Postregal als ein unbeschränktes Hoheitsrecht selbst zu verwalten.

Und so verfiel denn auch mit ihren Grundpfeilern die vor 290 Jahren begonnene Anstalt.

Kaiser Napoleon I., 1807 Oberhaupt der meisten deutschen Staaten, hatte dem Fürsten Karl Alexander von Taxis vergönnt, einige Posten auf der rechten Rheinseite einzurichten. 1811 ward auch die fürstliche General-Postdirektion in Regensburg nach Frankfurt a. M. verlegt.

Als 1813 die alten Besitzer in ihre früheren Regentenrechte und Länder wieder eintraten, überließ man vorläufig die Postanstalten der Taxis'schen Verwaltung.

Durch die deutsche Bundes-Akte wurde auch das Verbleiben der Taxis'schen Posten bedingt fortgesetzt.

Artikel 17 dieser Akte sagt:

„Das fürstliche Haus Thurn und Taxis bleibt in dem durch den Reichs-Deputations-Hauptschluß vom 25. Februar 1803 oder durch spätere Verträge bestätigten Besitz und Genuß der Posten in den verschiedenen Bundesstaaten so lange, als nicht etwa durch freie Uebereinkunft anderweite Verträge abgeschlossen werden sollten. In jedem Falle werden demselben in Folge des Artikel 13 des erwähnten Reichs-Deputations-Hauptschlusses seine auf Belassung der Posten,

ober auf eine angemessene Entschädigung gegründete Rechte und Ansprüche ge-
sichert. Dieses soll auch stattfinden, wo die Aufhebung der Posten seit 1803
gegen den Inhalt des Reichs-Deputations-Hauptschlusses geschehen wäre, info-
fern diese Entschädigung durch Verträge nicht schon definitiv festgesetzt worden ist."
Dieß die Gerechtsame, welche den Fürsten damals verbürgt wurden. Danach besaß der Fürst wieder bedeutende Landesposten, die er theils zu Lehen,
theils durch Verträge übernahm. So erhielt Fürst Alexander Karl Joseph
das Kurhessische Postwesen als ein Erbmannthronleben mit dem Titel: Erbland-Postmeister (1816), — die Benutzung der Postanstalten in Sachsen-Weimar-
Eisenach (1816), — in Gotha und in Birkenfeld (1817), — November 1817 in
Schwarzburg-Rudolstadt, im Altenburgischen und Sachsen-Koburg, — am 31.
März 1818 im Großherzogthum Hessen-Darmstadt, — 27. Juli 1819 das ge-
sammte Postwesen im Königreich Württemberg mit der Würde eines Erbland-
Postmeisters und am 13. Juni 1831 die Thronbelehnung als Kron-Ober-Post-
meister des Königreichs Bayern. Auch Preußen errichtete 1816 mit Taxis einen
Postvertrag, in welchem der Fürst, dem ihm, nach dem Reichsgesetz von 1803
und der Bundesakte von 1815, verbliebenen Besitzstand seiner eigenthümlichen
Posten diesseits des Rheines feierlich entsagte und diese Postanstalten dem König
von Preußen gegen eine bestimmte Entschädigung an Gütern — das Fürsten-
thum Krottoschin im Regierungsbezirk Posen (1819) — überließ.
Der Krieg von 1866 machte dem Thurn und Taxis'schen Postwesen für
alle Zeiten ein Ende. Das Haus Thurn und Taxis überließ Preußen gegen
eine Entschädigung von 3 Millionen Thaler seine ganzen Postgerechtsame durch
Vertrag vom 28. Januar 1867. Die gesammten Besitzungen des Thurn und
Taxis'schen Hauses betragen über 34½ Quadratmeile. Der Standesherr Fürst
Maximilian, zu Regensburg residirend, starb am 10. November 1871; sein
Nachfolger und Enkel wurde 1862 geboren.
Das Haus Thurn und Taxis wurde somit, nachdem es seine Mission erfüllt
und dabei Jahrhunderte hindurch viele Millionen aus seinem Gebiete gezogen —
im letzten Jahrhundert allein circa 50 Millionen Gulden, wenn wir das uns
bekannt gewordene Ergebniß des Jahres 1865, nämlich 750,000 Gulden Reingewinn, zu Grunde legen — endlich 1867 in den Ruhestand versetzt. Theils mit
Gleichgültigkeit, theils ohne Bedauern sah man den Thurm und den Dachs, die
Zeichen der erloschenen Firma, vor den Postgebäuden verschwinden und dem
preußischen Adler Platz machen. Fürst Max sollte die Absicht haben — wie die
Zeitungen damals berichteten — bei Abtretung seiner Gerechtsame an Preußen
seinen Beamten den vierten Theil ihres Jahresgehalts als Blatikum zu über-
weisen. Gebrauchen konnten letztere diese Wohlthat recht wohl und müssen
konnte so der Postfürst eine solche Summe, der einer der reichsten Edelleute der
Christenheit geworden ist und sich auf seinem Sanssouci, dem fürstlichen Lust-
schloß Donaustauf bei Regensburg mit seinen vergoldeten Dächern und Thürmen
sehr bene befand. Wenn auch alle Diejenigen, welche die Maximen des Hauses
kannten, die Wahrscheinlichkeit eines solchen Aktes bezweifelten, so hatten doch
selbst diese einen Erlaß in Gnaden für alle Diejenigen erwartet, welche zu Er-
satz verurtheilt waren, während sie im Schweiße ihres Angesichts die Reichthümer des Hauses Thurn und Taxis mehren halfen. Desto schmerzlicher mußten
letztere es empfinden, daß von Sr. Durchlaucht dem Erblandpostmeister a. D.
alle Ansprüche an Beamte fortgeführt und geltend gemacht wurden, in zweifelhaften Fällen sogar auf dem Wege des Prozesses.
Immerhin besoldete das Haus — wenigstens die hohen Beamten — ziemlich hoch,
oder doch besser als dieß damals in Preußen geschah. Es bezogen nämlich zur
Zeit des Uebergangs der ehemalige Thurn und Taxis'sche General-Postdirektor
Freiherr von Scheele (abgesehen von weiteren Einkünften) einen Jahresgehalt
von 26,000 fl., der Oberpostmeister Brinths zu Treufeld einen Gehalt von
9000 fl., die Räthe einen solchen von durchschnittlich 3500 fl., die Ober-Postamts-
Sekretäre einen solchen von 1200 bis 2000 fl., die höchstbesoldeten Unterbeamten
einen solchen von 1000 fl., Seitens des Fürsten von Thurn und Taxis war
bereits pro 1867 ein Etat, den die Verhältnisse indessen nicht zur Ausführung
kommen ließen, genehmigt, dem gemäß die Sekretäre von 2 zu 2 Jahren im
Gehalte steigen sollten. Die Praktikanten und Gehülfen erhielten eine tägliche

— 74 —

Remuneration von 1 fl. 30 Kr. Minimum. Gemäß Senatsbeschluß der freien Reichsstadt Frankfurt wurde pro 1867 der Minimalsatz auf 1 fl. 45 Kr. festgestellt. Außerdem erhielten die in der Fahrpost-Abtheilung beschäftigten Beamten für Berrichtung des Nachtdienstes eine Extra-Remuneration von jährlich 150 fl. Gerieth Jemand in Noth, so gewährte der Fürst auf ein bezügliches Gesuch Gnadenunterstützungen von 25 bis 30 fl. Die Wittwen und Waisen verstorbener Beamten wurden nicht allzu kärglich unterstützt, ohne daß — wie das in Preußen der Fall war — Beiträge zum Post-Armenkassenfonds oder zur Wittwenkasse zu zahlen waren. Außerdem galt als Regel — wenigstens in Frankfurt a. M. — daß jedem Beamten im Jahre ein Urlaub bis zu 4 Wochen gewährt wurde. Es waren — während man in Preußen über steten Beamtenmangel klagte stets so viel überzählige Beamte vorhanden, als dieß ohne Beeinträchtigung des Dienstes geschehen könnte. Eine Erhöhung der Gehälter, wie sie unter dem Thurn und Taxis'schen Regime nach Maßgabe der Anciennetät erfolgen mußte, war bei vielen Beamten damals nach preußischen Grundsätzen nicht mehr angänglich; man entschädigte daher vielfach mit höheren Titeln.

Ebenso wenig hielten zur Zeit des Ueberganges die damaligen dienstlichen Verhältnisse der preußischen Postbeamten mit den früheren Thurn und Taxis'schen einen Bergleich aus. Während unter dem neuen preußischen Regime Rückmeldungen, welche bei den Thurn und Taxis'schen Postanstalten nur dann erlassen wurden, wenn ein Bedürfniß vorlag, der Ausfertigungsstelle mit dem Anerkenntnisse einfach zurückgesandt wurden, Ausweise, Berweise und Ordnungsstrafen folgten. Das Ausweisungssystem wurde auch in den neuen Provinzen strengstens gehandhabt. Ging doch zu jener Zeit die Mittheilung — die Verfasser übrigens nicht verbürgen mag — durch die öffentlichen Blätter, daß einem Postexpediteur, aus dessen Dienstlokale man auf die hessische Grenze schaut, um des willen mit Ordnungsstrafe bedroht wurde, weil sich süddeutsches Geld in seiner Kasse vorhand. Der betreffende Herr — wurde weiter berichtet — habe Ehrgefühl genug besessen, um den Postdienst zu quittiren. Es wurde ferner mitgetheilt, daß für undeutliche Ausfertigung der Namensunterschrift der Beamte Ordnungsstrafe zu zahlen habe, wenn er aber kalligraphire, so würde er nicht fertig und man mache ihm den Borwurf, er sei wenig beweglich und dienstunkundig. Fassen wir das alles zusammen — resumiren Frankfurter Blätter —, so besteht der Gewinn speziell der Frankfurter, bisher Thurn und Taxis'schen Postbeamten unter der preußischen, resp. norddeutschen Berwaltung nur in Erhöhung ihres Titels und in der Erweiterung des Uniformsreglements. So äußerten sich, wie gesagt, damals Frankfurter Blätter. Nun, jedenfalls ist ein derartiger Uebergang stets unangenehm und Härten bisweilen kaum zu vermeiden.

In Folge dieser Behauptungen Frankfurter Blätter ging der Norddeutschen Post folgende Korrespondenz aus Thüringen zu (14. Oktober 1869): Auf die Unkenrufe aus Frankfurt a. M. über die gegenwärtigen Verhältnisse der Postbeamten in Frankfurt und das Lob der früheren Verhältnisse unter Thurn und Taxis sei mir gestattet, auch Einiges zu bemerken: Es wird unter Anderem gesagt, der Gehalt des früheren General-Postmeisters habe 26,000 fl. und der des Ober-Postmeisters 9000 fl. betragen. Derartige abnorme Summen werden allerdings in keinem konstitutionellen Staate dem Chef einer Berwaltung bewilligt (wirklich nicht?) und konnten eben nur im feudalen Poststaate Thurn und Taxis vorkommen. Ebenso wird außerdem von ganz ansehnlichen Gehältern für die Postsekretäre 2c. gesprochen, sowie von Extra-Remunerationen für Berrichtung des Nachtdienstes, von Gnadenunterstützungen 2c. Wir in Thüringen waren doch auch Thurn und Taxisch; aber von alledem ist uns Nichts bekannt. Im Gegentheil waren die Gehaltsverhältnisse recht traurig. So bezogen die meisten Sekretäre 400, wohl auch 450 oder gar 500 Thlr., nur einzelne wenige mehr (gerade so viel wie um dieselbe Zeit in Preußen). Und wie lange dauerte es, bis ein solcher Gehalt erreicht wurde? Man denke nur an die weimarischen Ur-Akzessisten, welche 10 bis 12 Jahre bis zur Anstellung als Assistent mit 350 Thalern warten mußten (das ging in den fünfziger Jahren in Preußen mit den Post-Assistenten ganz ebenso). Aber mehr noch als traurig war die Lage der sogenannten Unterbediensteten, die in den allermeisten Fällen auch in den größeren Städten ein jährliches Einkommen von nur 150 bis 200 Thaler bezogen. Wer über die damaligen jammervollen Zustände eingehender belehrt sein will, der lese nur die deutschen Blätter vom Jahre 1865 (über die trübselige Lage der preußischen Postunterbeamten und Postillone drang überhaupt damals gar Nichts in die Presse; Preußen war ebenfalls kein Eldorado der Postunterbeamten. Erst durch die im Jahre 1869 gegründete „Norddeutsche Post" drang der Schmerzensschrei der preußischen Postbeamten ins Publikum und an den Reichstag. Man hat es jener vermittelnden Stimme indessen bitter gedankt). Außerdem war der Gehalt eine Gnadensache des Fürsten. Es war deshalb nicht nur Brauch, sondern auch gerathen, demselben für jede Zulage den Dank in einem besonderen Schreiben auszusprechen. (Ganz Aehnliches bekamen früher preußische Postbeamte auch fertig; auch leisten dergleichen einzelne deutsche Postbeamte, wir erinnern nur an die Dankadressen früherer Postexpedienten wegen des Zwanzigfragen-Postsekretär-Examens, an die Vertrauens- und Loyalitätsadressen an Herrn Stephan, als man ihm im Reichstage wegen der Petitionsangelegenheit Hamburger Postsekretäre an den Kragen wollte). Denn der Verdacht, keine Anhänglichkeit an das Haus Taxis zu haben, konnte den Verlust der hochfürstlichen Gnade und demnach den schmerzlichen von Zulagen nach sich ziehen, wie mehrfache Uebergehungen und Ausnahmen bei fast allgemein gewährten Gehaltszulagen bewiesen haben. (So Etwas kann auch noch heute vorkommen und kommt auch innerhalb anderer Postverwaltungen vor; z. B. Ausbleiben von Weihnachtsgratifikationen). Und wann gab Taxis? Stets nur dann, wenn die Presse oder einzelne Regierungen einen heilsamen Druck gegen die Postverwaltung ausgeübt hatten und diese eine Entziehung des Regals befürchten mußte, also immer gezwungen, unfreiwillig. (Als ob es bei mancher anderen Postverwaltung anders gewesen wäre!) Wie die damalige Stimmung in Thüringen war, wird am besten daraus erkannt, daß eine im Jahre 1865 in Zirkulation gesetzte Ergebenheitsadresse an den Fürsten von Thurn und Taxis, welche die Stimmen der Presse Lügen strafen und darthun sollte, wie glücklich sich seine Beamten fühlten, gar keine Unterschriften fand und auf Nimmerwiedersehen in den Papierkorb verschwand. (Etwas Aehnliches passirte später bei einer anderen europäischen Postverwaltung, die wir nicht näher bezeichnen wollen, dort aber geschah das Unerhörte, solche Ergebenheitsadressen fanden Unterschriften und der Postchef war kein Fürst, wenngleich ihn in einem Postjahrbuche ein loyaler Postbeamter unter die „gesalbten" Häupter versetzte). — So weit der Thüringer.

Ob übrigens durch die Taxis'schen Posten die Einwohner im Taxis'schen Verwaltungsbezirke benachtheiligt worden sind — schrieb ein anderer Postbeamter — und ob diese die Aufhebung der Thurn und Taxis'schen Post so sehr freudig begrüßen mußten, möge aus folgenden kurzen Andeutungen beurtheilt werden: Die Postverbindungen in dem Taxis'schen Verwaltungsbezirke waren so zahlreich und zweckmäßig eingerichtet, als das allgemeine Bedürfniß es irgend erheischte, wurde gleich bisweilen behauptet, nur in Folge des Drucks der Regierungen, wenn die Postverwaltung vor Errichtung des Kurses oder vor Herabsetzung einer Taxe gegründete Bedenken haben mochte, der fragliche Kurs werde niemals die Kosten decken, oder, daß diese Jahre hingehen würden, bis durch die vermehrte Zahl der Sendungen die frühere Einnahme wieder erreicht würde. Die Taxen waren sogar in einzelnen Fällen niedriger, als bazumal und theilweise noch heute in Preußen. Kostete z. B. nach dem Taxis'schen Tarif ein Brief bis 3 Meilen ½ Gr., über 3 Meilen 1 Gr., ein Packet bis ½ Pfd. schwer bis 3 Meilen ¾ Gr., über ½ Pfd. 1 Gr., bis ⅓ Pfd. über 3 bis 15 Meilen 1½ Gr., über ½ Pfd. 2 Gr. ꝛc., so möchte dies ein richtigeres Verhältniß zwischen Leistung und Zahlung sein, als der Satz für 1 Gr. für Berliner Stadtbriefe und Briefe auf die geringsten Entfernungen, resp. die Tarife für leichte Fahrpostsendungen im Umkreise weniger Meilen u. s. f. Durch Zugehörigkeit zum Deutsch-Oesterreichischen Postverein nahmen die Taxis'schen Posten an allen zur Erleichterung und Beschleunigung des Postverkehrs mit nicht deutschen Ländern abgeschlossenen Verträgen theil, die Landesangehörigen des Thurn und Taxis'schen Postbistrikts fühlten gar nicht, daß sie einer seperaten Verwaltung angehörten ꝛc. ꝛc.

Es sei uns gestattet, hierunter noch ein originelles Dekret des Fürsten Maximilian Karl von Thurn und Taxis anzuführen, das seiner Zeit großes Aufsehen erregte, weil es den damaligen Thurn und Taxis'schen Postbeamten jede eigene politische Meinungsäußerung geradezu verbot und ihnen aufgab, bei jeder Versetzung in einen anderen Staat des fürstlichen Postkomplexes ihre politische Ansicht den augenblicklich bestehenden Regierungs-Maximen des betreffenden Staates anzupassen. Bei einer Versetzung nach der damals noch freien Stadt Frankfurt a. M. war es hiernach Pflicht eines Postbeamten, ein biederer Republikaner zu werden, bei einer solchen in das ehemalige Kurfürstenthum Hessen, dem Ministerium Hassenpflug mit Anhänglichkeit sich zuzuwenden und bei einer Anstellung in einem der thüringischen Staaten, dem konstitutionellen Systeme mit ausdauernder Treue zu huldigen. Jenes interessante historische Dokument lautet wörtlich:

„ad Nr. 2269. E 2719.

Maximilian Karl, Fürst von Thurn und Taxis, Fürst zu Buchan, Fürst zu Krotoszyn ꝛc.

Wir erachten es als eine aus dem Verhältniß, in welchem Unsere Postbeamten zu Uns, als ihrem Dienstherrn, stehen, hervorgehende Verpflichtung, daß dieselben in jeder Beziehung aufrichtig und eifrig bestrebt sind, Alles entfernt zu halten, was den von Uns selbst vermöge des Verwaltungsrechts der Posten übernommenen Pflichten und den in Folge dessen den Staatsregierungen schuldigen Rücksichten widerstreiten würde.

Wenn sich hieraus schon von selbst ergiebt, daß eine den herrschenden Grundsätzen entgegenstrebende politische Richtung mit jener Forderung, welche wir an Unsere Postbeamten zu stellen berechtigt sind, durchaus unvereinbar ist, so stellt sich nach dem Wesen und nach der Natur des Postdienstes die gänzliche Fernhaltung von jener Parteirichtung Seitens Unserer Postbeamten noch besonders als eine solche Pflicht dar, welche nicht etwa nur das außerdienstliche Verhalten der Beamten berührt, sondern die vielmehr zum Kreise der Dienstobliegenheiten im strengen Sinne zu ziehen ist, weil durch ihre Erfüllung das Bestehen und Gedeihen der Postanstalt, deren wesentliche Grundlage, das öffentliche Vertrauen bildet, bedingt erscheint.

Es ist daher unsere ernstliche dienstliche Willensmeinung, daß durch alle Uns zu Gebote stehende gesetzliche Mittel der Erfolg einer unter Unseren Postbeamten sich etwa kundgebenden regierungsfeindlichen Richtung unwirksam gemacht werde.

Indem Wir dies Unseren sämmtlichen Postbeamten hierdurch eröffnen, verkündigen Wir denselben noch insbesondere, daß Wir in der fraglichen Beziehung eine strenge Aufsicht anordnen und denjenigen Postbeamten, welche in Ansehung ihres politischen Verhaltens nicht vollständige Garantie gewähren, von jeder dienstherrlichen Vergünstigung ausschließen, bei offener Kundgebung jener pflichtwidrigen Richtung aber mit positiven dienstherrlichen Maßregeln voranschreiten, auch nach Gestalt der Umstände die Dienstentlassung verfügen, beziehungsweise die Einleitung treffen werden, daß die nach den Gesetzen zulässigen Prozeduren zur Anwendung kommen.

Wir wollen uns hierbei gerne der zuversichtlichen Erwartung hingeben, daß die vorstehende Unsere dienstherrliche Eröffnung schon als Warnung den von uns beabsichtigten Zweck vollkommen erreichen lassen wird.

Regensburg, am 22. November 1851.

Max.

Auf Sr. Durchlaucht Befehl.

C. G. Hänsell."

Wer erinnert sich bei Durchlesung dieses Dekretes nicht unwillkürlich der während der preußischen Verfassungs-Konfliktzeit zu Anfang der sechziger Jahre vor den Wahlen zum Abgeordneten-Hause an die preußischen Beamten erlassenen Ministerial-Reskripte, in welchen den Beamten aufgegeben wurde nur „königstreuen Wahlmännern" ihre Stimme zu geben; selbstverständlich war der Begriff „königstreu" nach der Definition des damals gerade herrschenden Ministeriums zu nehmen! Der Arbeitgeber Fürst Thurn und Taxis verstand die politische Beeinflussung seiner Arbeitnehmer (seiner Postbeamten) mithin ebenso gründlich, wie man es in Preußen auch verstand. —

Einer Episode sei hier noch erwähnt, welche gewiß noch vielen ehemaligen Thurn und Taxis'schen Postbeamten in Thüringen in Erinnerung ist und den

Beweis liefert, daß auch schon früher mit Erklärungsunterschriften Mißbrauch getrieben wurde, und daß es zu allen Zeiten und in allen Ständen Leute giebt, welche im eigenen Interesse der Wahrheit ein Mäntelchen umzuhängen bestrebt sind.

Das fürstlich Thurn und Taxis'sche Postgebiet war zur Zeit seines Bestehens in mehrere Bezirke eingetheilt, welche durch Ober-Postämter oder Ober-Postkommissariate verwaltet wurden.

Eine Behörde der letzteren Art war dem sogenannten sächsischen Distrikte vorgesetzt, welche aus dem großherzoglich Sachsen-Weimar-Eisenachischen, herzoglich Sachsen-Meiningischen, fürstlich Schwarzburg-Rudolstädtischen und fürstlich Reußischen Ländern, soweit sie zur Thurn und Taxis'schen Postverwaltung gehörten, bestand und in Eisenach ihren Sitz hatte. Es mag nicht leicht gewesen sein, diese sieben Staatchen zu einer postalischen Verwaltungs-Einheit zusammenzuhalten und jedem derselben wieder etwas Besonderes zuzugestehen, wie es doch in Wirklichkeit meistens kontraktlich beim Abschlusse des Postüberlassungs-Kanons zur Wahrung der Sonderinteressen festgesetzt war. So hatte z. B. die Postverwaltung wohl das Recht in den aufgeführten Ländern mit vorher einzuholender Genehmigung der betreffenten Regierung junge, noch nicht definitiv angestellte Beamte aus allen unter ihr vereinigten Ländern zu verwenden; zur definitiven Anstellung konnten jedoch nur Beamte aus dem bezüglichen Staate, also Landesangehörige, vorgeschlagen werden, da Andere aus dem Nachbarländchen als Ausländer galten und auf das Aufgehen von Stellen in ihrem eigenen Duodez-Vaterlande warten mußten. Eine natürliche Folge dieses Verhältnisses war, daß beispielsweise im Großherzogthum Weimar, aus welchem Staate sich früher viele junge Leute dem Postwesen widmeten, die feste Anstellung meist erst nach 10 bis 15jähriger Dienstzeit erfolgte, während im Fürstenthum Reuß z. B. eine solche schon nach 2 bis 3jährigem Vorbereitungsdienste einzutreten pflegte, weil in diesem Ländchen der Zugang zum Postfache nur gering war. Solche Mißverhältnisse waren natürlich auffällig und für die älteren, nicht angestellten Beamten, welche mit jüngeren, bereits angestellten auf einem Amte zusammen arbeiteten, ärgerlich.

An diesen Verhältnissen trug die Taxis'sche Postverwaltung selbst wohl wenig Schuld, wiewohl es ihr zum Vorwurf gereichen muß, daß sie eine Abhülfe nicht herbeizuführen suchte. Daß sie aber — mit Ausnahme der Spitzen ihrer Verwaltung — ihre Beamten verhältnißmäßig schlecht besoldete, und daß sie in dieser Hinsicht den Forderungen der Zeit keine Rechnung trug und nicht die Initiative zur Besserung der Lage ihrer Beamten ergriff, kann ihr umso weniger zum Lobe gereichen, als sie sich sonst gern den Anschein gab, daß sie mit wahrhaft patriarchalischem Sinne für das Wohl ihrer Untergebenen zu sorgen bestrebt wäre.

Es war in den sechziger Jahren, als wegen der allgemein zunehmenden Theuerung von den Postbeamten wohl aller Länder und Ländchen, welche das Thurn und Taxis'sche Postgebiet bildeten, Schmerzensschreie an die Oeffentlichkeit traten, welche die gänzliche Unzulänglichkeit der Besoldung, vorzüglich der jüngeren Beamten und der Unterbediensteten klar darlegten und dringend Abhülfe forderten. Verschiedene Zeitschriften nahmen sich der Sache an, hauptsächlich Bremer Handelsblatt, Frankfurter Laterne u. s. w. und in den Thüringischen Tagesblättern erschienen Artikel über Artikel, welche den Gegenstand eingehend behandelten, der fürstlich-patriarchalischen Postverwaltung zusetzten und darauf hinwiesen, daß der Fürst von Thurn und Taxis nicht bloß das Recht besitze, die von ihm zum Postbetriebe erpachteten oder ihm in Lehen gegebenen Länder in seinem pekuniären Interesse auszubeuten, sondern daß er auch die Pflicht habe, die von ihm aus diesen Ländern zu seinem Dienste engagirten Landesangehörigen so zu bezahlen, daß sie anständigerweise existiren könnten und nicht den Gemeinden zur Last fielen.

Die süddeutschen Blätter griffen die fürstliche Postverwaltung mit großer Heftigkeit an und stellten auf der einen Seite den unermeßlichen Reichthum des Fürsten von Thurn und Taxis, auf der anderen Seite die ärmliche Bezahlung seiner Postbeamten in ein grelles Licht, der Arbeiter also, durch deren Fleiß, Redlichkeit und Thätigkeit überhaupt die fürstliche Familie, als Postprivilegiums-Inhaberin, doch ohne Zweifel nur ihre glänzende Stellung erworben und erhalten habe. Oft geschahen solche Angriffe in sarkastischer Weise, z. B. in einem Frankfurter Blatte unter Hinweis auf die Dürftigkeit der Beamtennahrung gegenüber dem fürstlichen Luxus mit folgender Strophe:

„Der Fürst von Thurn und Taxis
Weiß wohl, was Gir und Gar ist;
Doch daß der Käs' kein Lax ist,
Weiß nicht der Fürst von Taxis ꝛc.

Im sächsischen Distrikte wurde die Angelegenheit gleichfalls immer mehr vor das Forum der Oeffentlichkeit gebracht, um die betreffenden Staatsregierungen dafür zu interessiren und womöglich zu einer Intervention zu bewegen, welche ihnen indessen nach wörtlicher Auslegung der Postüberlassungsverträge gar nicht zustand, da in diesen keine Bestimmungen über die pekuniäre Stellung ihrer im Taxis'schen Postdienste befindlichen Landeskinder vorgesehen waren.

Den fürstlichen Oberbehörden, der Immediat-Kommission zu Regensburg und der General-Postdirektion zu Frankfurt a. M. mochte der in den öffentlichen Blättern ihres Postgebietes sich immer mehr verbreitende Petitionssturm wohl zu Ohren gekommen und nicht gerade angenehm sein. Sie bequemten sich daher zu einigen Beamtenbesoldungsverbesserungen, welche jedoch auffallender Weise nicht die beklagenswerthen unteren und untersten Stellen, sondern hauptsächlich die ersten und zweiten Sekretairsstellen auf den Postämtern betrafen. Diese wenigen Stellen, von welchen auf den großen Postämtern des sächsischen Distrikts d. h. in den thüringischen Residenzen, nur je eine vorhanden war, wurden mit Besoldungszulagen von 100 bis 150 Thlr. bedacht, während die jüngeren Beamten, welche in viel größerer Anzahl vorhanden waren, etwa 25 bis 50 Thlr. Zulage erhielten, die Unterbeamten aber fast ohne jede Aufbesserung ihrer Besoldungen blieben.

Mochten nun bei Austheilung dieser Gnadenspenden — denn als solche wurden alle Bewilligungen, Anstellungen ꝛc. im fürstlichen Dienste angesehen und amtlich bezeichnet — die Oberbehörden sich nur unvollständig informirt haben, da sie ihr patriarchalisches Wohlwollen auf eine so sonderbare, die Allgemeinheit unberücksicht lassende Weise dokumentirten, so mußten sie alsbald die Erfahrung machen, daß mit solchen, nur Einzelnen zu gute kommenden Bewilligungen nicht nur keine Ruhe hergestellt, sondern sogar noch größere Unzufriedenheit, als früher erregt worden war. Der Petitionssturm und das Lärmmachen in den Zeitungen begannen von Neuem und zwar heftiger, als zuvor. In einem — so viel uns erinnerlich ist — in Gera zuerst erschienenen Artikel wurden die Abstufungen in den Besoldungen der Taxis'schen Postbeamten einer näheren Betrachtung unterzogen und eine Zusammenstellung veröffentlicht, wonach bei einem größeren Postamte des sächsischen Distrikts ungefähr beschäftigt wurden:

a. Beamte:

1 Postmeister mit 900 bis 1000 Thlr. Gehalt.
1 Postsekretär mit 700 „ „
2 Postsekretäre „ je 600 „ „
3 „ „ je 500 „ „
4 Post-Assistenten „ je 350—400 „ „
5—6 Aushülfsbeamten mit je 208—313 Thlr. jährlicher Diäten.

b. Unterbeamte:

1 Briefträger und Packer mit 300 Thlr. Gehalt
1 „ „ „ „ 280 „ „
2 „ „ „ „ 250 „ „
3 „ „ „ „ 230 „ „
4 „ „ „ „ 220 „ „
5—6 Landbriefträger und Aushelfer mit 120 bis 150 Thlr. Löhnung.

In weiterem Verlaufe dieses Artikels wurde diese Besoldungs-Pyramide angegriffen und hervorgehoben, daß kaum die Spitzen derselben, nicht aber die die Basis bildenden Beamten-Kategorien genügende Besoldungen erhielten.

In den thüringischen Blättern, z. B. in der Dorfzeitung, in den weimarischen und gothaischen Zeitungen ꝛc. wurde die der Oeffentlichkeit übergebene

— 79 —

Besoldungsstaffel eingehend besprochen, ebenso in den interessirten Kreisen der Postbeamten, auf den Postämtern, wo dieselben als von einem patriarchalisch wohlwollenden und in dieser Hinsicht wohlbekannten Regimente ausgegangen, bezeichnender Weise „die patriarchalische Pyramide" genannt und unter diesem Ausdrucke ohne Weiteres verstanden wurde. Auf Grund dieser Besoldungs-Pyramide, deren Sätze allerseits für ungenügend befunden wurden, mehrten sich die Klagen und Beschwerden in den Zeitungen so sehr, daß zur Beruhigung und Beschwichtigung der öffentlichen Stimmung Etwas zu thun geboten erschien. Es sollte dieß auf eine eigene Art und Weise bewirkt werden. Von dem Postamte einer kleinen thüringischen Residenz aus wurde nämlich in dieser sehr erregten Zeit plötzlich eine Erklärungsschrift in Zirkulation bei den übrigen Poststellen des sächsischen Distrikts gesetzt, worin die Expeditionsbeamten der fürstlichen Postverwaltung mit Unterschrift ihrer Namen erklären sollten, daß sie sämmtlich mit den ihnen zugebilligten Besoldungen höchst zufrieden wären, überhaupt ein ausreichendes Einkommen hätten, das patriarchalische Wohlwollen ihrer höchsten und hohen Behörden sehr wohl zu schätzen wüßten und die in den öffentlichen Blättern erschienenen Angriffe auf die sogenannte Besoldungs-Pyramide, deren Richtigkeit jedoch nicht bestritten wurde, als ungerechtfertigt zurückweisen mußten. Daß den auf den Postämtern beschäftigten Beamten, gegen welche Angriffe gar nicht vorlagen, von welchen solche auch gar nicht zurückzuweisen waren, die Unterschrift und Zustimmung zu einer derartigen, dem fürstlichen Ober-Kommissariate zu Eisenach zu überreichenden und wahrscheinlich später zu veröffentlichenden Erklärung zugemuthet wurde, war damals denn doch ein über das Ziel hinausgehendes Stückchen von Devotion, welches indessen glücklicherweise ganz andere, als die erwarteten Folgen hatte. Denn auf allen Postämtern, wohin das besagte Schriftstück zur Zirkulation gelangte, waren die betreffenden Beamten in der Ansicht übereinstimmend, daß der Presse im vorliegenden Falle nicht im geringsten ein Vorwurf gemacht werden könne, mit übertriebenen Lobeserhebungen der fürstlichen Postverwaltung, deren Besoldungsmaximen doch ohne Zweifel eine größere Liberalität zu wünschen war, dem Publikum für seine Theilnahme nicht ins Gesicht geschlagen werden dürfte und daß es vor allen Dingen sowohl unpassend, als unvorsichtig sein würde, eine Zufriedenheit mit den bestehenden Besoldungen zu heucheln, welche in Wirklichkeit doch nicht vorhanden war. Und das war ehrenwerth!

Bei diesen Gesinnungen, welche überall offen geäußert wurden, konnte begreiflicherweise die „Anti-Pyramide-Adresse" keine Unterschriften finden, und kam von Ablehnungsbemerkungen und Protesten gegen den Inhalt bedeckt und vollbeschrieben, an denjenigen Ort zurück, von dem sie ausgegangen war. Ob sie hier der Vergessenheit anheimfiel und spurlos verschwunden ist, oder ob irgend eine der fürstlichen Postbehörden bez. der Vorgesetzten von ihrem Unfalle nähere Kenntniß genommen hat, haben wir nicht in Erfahrung bringen können. Sicher ist nur, daß die Zurückweisung der gedachten Erklärung bei den bezüglichen Oberbehörden nicht unbekannt war und ihnen ohne Zweifel wenigstens einige Einsicht über die unter ihren Beamten herrschende Stimmung verschafft hatte; die Zirkular-Erklärung hatte vielleicht gerade wegen ihres unerwarteten Mißgeschickes mehr zu den in den späteren Zeiten eingetretenen, wenigstens einigermaßen befriedigenden Besoldungsverhältnissen beigetragen, als Beitrittsunterschriften gethan haben würden.

So handelten Thurn und Taxis'sche Beamte. Im neuen deutschen Reiche, da wurde es freilich ganz anders. Da fanden sich Postbeamte, die zu allen möglichen Erklärungen ihre Namensunterschrift gaben. Wir erinnern nur an die Dank- und Ergebenheitsadressen, die im Jahre 1871, um die Zeit, als Dr. Banks im deutschen Reichstage seine Interpellation in der Petitionsangelegenheit der Hamburger Postsekretäre stellte, dem Herrn Stephan dargebracht wurden. Da hatten diese Herren ganz vergessen, was von den gesetzgebenden Körpern, dem Reichstage und Bundesrathe für sie gethan war, Alles hatte, — wenigstens nach diesen Machwerken — Herr Stephan gethan, Alles war gut, ja übermäßig gut und diejenigen, die da zu petitioniren wagten, wurden „eine stets unzufriedene Minderheit" titulirt, die bei Reichstagsmitgliedern, welche in „unbegreiflicher Verkennung ihrer Pflichten als Volksvertreter befangen seien", Unterstützung finden. Und doch sind nach einer im Postamtsblatt Nr. 9 vom Jahre 1870 enthaltenen Verfügung Kollektiveingaben und Erklärungen jeder Art, also auch Kollektivdanksagungs- oder Zustimmungsadressen gewissermaßen verboten; es ist dort erklärt, dergleichen könne von den vorgesetzten Behörden nicht mehr angenommen werden.

Uns will es scheinen als gälte bei der Postverwaltung in dieser Beziehung wenigstens in Bezug auf Danksagungs- und Zustimmungsadressen auch heute noch der Schluß der Fabel vom Bauer und dem Gerichtsverwalter: „Ja, Bauer, das ist ganz was Andres!" —

Zur Zeit des Uebergangs an Preußen hatte Thurn und Taxis das Postwesen inne von:

a. Kurfürstenthum Hessen, seit 1. Juli 1816, durch Vertrag vom 11. Juni 1816, unter Entrichtung eines jährlichen Erbzinses von 42,000 Thlr. und eines jährlichen Beitrages zu den Kosten der General-Postinspektion von 1500 Thlr.

b. Großherzogthum Hessen, durch Vertrag vom 31. Dezember 1817, unter Abentrichtung eines Kanons von 25,000 fl. jährlich als Erb-Mann-Thronlehen.

c. Sachsen-Weimar-Eisenach, vom 1. Januar 1817 an, durch Vertrag vom 8. Dezember 1816 als Erb-Mann-Thronlehen.

d. Nassau, durch Vertrag vom 19. Dezember 1806 und nach der landesherrlichen Deklaration vom 12. März 1807 und Bezahlung eines Kanons von 6000 fl., wozu noch 300 fl. als Aversionalsumme für Wegegeld kommen, als Erb-Mann-Thronlehen.

e. Sachsen-Koburg-Gotha, durch Vertrag vom 24. Februar 1817 und 4. November 1827, als Erb-Mann-Thronlehen.

f. Sachsen-Meiningen durch Verträge vom 2. Mai 1807 und 4. April 1808 und vom 2. März 1829, als Erb-Mann-Thronlehen.

g. Schwarzburg-Sondershausen durch Verträge vom 8. Juni 1812 und 19. Juni 1819 wegen der Postverwaltung in der Oberherrschaft, als Erb-Mann-Thronlehen.

h. Schwarzburg-Rudolstadt, bezüglich der Oberherrschaft, durch Vertrag vom 25. August 1817 als Thron-Erb-Mannlehen.

i. Reuß, durch Vertrag vom 21. März 1809, 1. März 1816, 29. Juli 1826 und 21. Juli 1847.

k. Schaumburg-Lippe, durch Vertrag vom 15. Februar 1814.

l. Lippe-Detmold, durch Verträge vom 10. Februar 1814 und 9. Juni 1845.

m. Hessen-Homburg, durch Vertrag vom 22. September 1817 als Thron-Erb-Mannlehen.

n. Freie Stadt Frankfurt durch Vertrag vom 31. Dezember 1821.

Immediat-Postanstalten:

o. Lübeck.

p. Bremen.

q. Hamburg.

Die oberste Behörde war die General-Postdirektion in Frankfurt a. M. Als Mittelverwaltungsbehörden bestanden in den einzelnen Staaten die Ober-Post-Aemter und Ober-Post-Kommissariate.

Das Thurn und Taxis'sche Gebiet umfaßte etwa 674 Quadratmeilen mit 3,200,000 Einwohnern. An stabilen Postämtern ꝛc. besaß es: 305, an fahrenden Eisenbahn-Post-Aemtern 6 und an Briefsammlungen 126, zusammen also 437 Postanstalten. Es beschäftigte: 1207 wirkliche Beamte und 1086 Unterbeamte, 388 Postillons und 147 Konducteure, verwendete 249 Wagen und 859 Pferde, beförderte noch im Jahre 1865 gewöhnliche frankirte Briefe 10,105,537 und unfrankirte Briefe 5,395,215, rekommandirte Briefe 408,707, Briefe mit Waarenproben 81,741, Kreuzbandsendungen 2,277,444 und portofreie Briefe 3,718,676, zusammen also 21,997,430 Stück Briefpostgegenstände. Zeitungen wurden in demselben Jahre befördert 14,169,435 Stück; portopflichtige ordinäre Packete wurden 3,058,601 Stück im Gewicht von 17,480,658 Pfund befördert und 2,278,543 Geld- und Werthsendungen im Gewichte von 2,829,828 Pfd. im Werthe von 310,514,646 fl. — 75,224,431 Thlr., portofreie ordinäre Packete dagegen wurden befördert 310,128 Stück im Gewichte von 2,615,951 Pfd. und portofreie Geld- und Werthsendungen 158,392 Stück im Gewichte von 517,075

Pfd., im Werthe von 29,904,966 fl. — 15,687,334 Thlr. Es transitirten durch das Thurn und Taxis'sche Postgebiet 303,524 ordinäre Packete im Gewicht von 1,349,101 Pfd., und an Geld- und Werthsendungen 244,686 Stück im Gewicht von 327,678 Pfd. im Werthe von 42,110,744 fl. — 2,492,386 Thlr.

An Personen wurden mit den Thurn und Taxis'schen Posten befördert: 647,699. Nachnahmesendungen wurden aufgegeben: 387,001 Stück, worauf entnommen waren 1,339,416 fl. — 298,438 Thlr., und baare Einzahlungen: 52,104 Stück mit 238,082 fl. — 147,166 Thlr.

Kurzgefaßte Geschichte des österreichischen Postwesens.

Ueber die Entstehung des Postwesens in Oesterreich lassen uns die alten Schriftsteller ziemlich im Dunkeln. Man muß annehmen, daß unter den römischen Kaisern der Cursus publicus (Brief-Couriere) auch im jetzigen Oesterreich bestand; denn die Hauptstraße aus Italien nach Panonien ging durch Vindabona (Wien), dem Hauptpunkt des großen Kourses. In späteren Zeiten muß Wien bei dem Steigen seines Ansehens und seines Einflusses in Staats- und Handelsangelegenheiten und zum Betriebe der Geschäfte, von jeher Briefsendungen benutzt haben, die ganz eigentlich zu Albrecht's Zeiten, und als in Wien das Hoflager verblieb, zu Fuß, zu Pferde und zu Wagen bedeutend und geregelt im Gange gewesen sein müssen.

Seit dem Jahre 1461 bis 1509 erwähnen die Stadtbücher von Wien beeidete laufende und reitende Boten der Stadtgemeinde, welche Briefe nach Brünn, Olmüß, Prag, Graz und nach anderen Orten brachten.

Soweit das österreichische Postwesen mit der Entstehung der Thurn und Taxis'schen Post zusammenfällt, haben wir dasselbe bereits erwähnt.

Zu Ferdinand I. Zeiten (1556—1564) gingen Boten und eigene Landposten von Wien und Prag nach Stuttgart und ganz Schwaben.

Kaiser Rudolph II. schloß im Jahre 1595 einen Vertrag mit Philipp II. von Spanien ab, um dessen burgundisch-spanische Posten in Deutschland aufzuheben und solche auch als deutsche oder Reichsposten anzuerkennen.

1596 war in Wien bereits eine kaiserliche Postanstalt — Oberst-Hof-Postamt — vorhanden, als dessen Reichs-Hofpostmeister Georg Bächl von Pichelsberg fungirte. Diesem folgten im Amte Hans von Wolzogen, Mathias von Taxis und diesem Lamoral von Taxis. Letzterer übernahm die Stelle als General-Oberst-Postmeister im Reich und in den Niederlanden, nach seinem verstorbenen Vater. Er unterfertigte am 20. Juli 1615 einen Revers, in welchem er auf die kaiserliche Oberst-Postmeisterstelle in Wien und den Besitz der sämmtlichen österreichischen Posten verzichtete. Seit jener Zeit blieben die österreichischen Posten auf immer von den Reichs- oder Taxis'schen Posten getrennt.

An Lamoral's Stelle trat Karl Freiherr von Magno, vorher niederösterreichischer Landpostmeister. Ihm folgte sein Sohn Hans Jakob von Magno. Dieser verkaufte 1623 sein kaiserliches Hof-Postmeister-Amt für 15,000 Gulden und 6 Kutschpferde an Hans Christoph von Paar, Obrist und Erbland-Postmeister in Steiermark. Kaiser Ferdinand II. erhob letzteren in den Grafenstand und belehnte ihn durch den Lehnbrief vom 4. September 1627 mit der Obrist-Hof- und Land-Postmeisterwürde im ganzen Erzherzogthum Oesterreich und in den Erbkönigreichen Böhmen und Ungarn. Die Grafen, späteren Fürsten von Paar genossen den Gewinn von allen erbländischen Posten bis auf die Zeit Kaiser Karl's VI., der im Jahre 1722 das Postregal als ein ausschließliches Reservatrecht an sich zog und den zeitlichen Oberst-Hof-Postmeister aus der Familie Paar mit einem jährlichen Aequivalent von 66,000 Gulden entschädigte.

Wenugleich die Paar'sche Familie durch diesen Rezeß vom 1. Juli 1722 auf die Pachteinkünfte verzichtete, und dadurch, sowie durch den späteren kaiserlichen Ratifikations- und Konfirmationsbrief vom 12. Dezember 1743 unter

Beibehaltung des gedachten Aequivalents hin und wieder beschränkt wurde, so ist dieselbe doch fortan, und zwar bis zum Jahre 1783, in der Administration der Postanstalt verblieben, und erst mit Rezeß vom 17. September 1813 hat sich die Fürst Paar'sche Familie — mit Beibehaltung des Titels eines kaiserlich österreichischen Oberst-Hof- und General-Länder-Postmeisters, des Aequivalents und der personellen Rechte und Begünstigungen seitens der Verwaltung gänzlich begeben.

Die Idee lag nahe, das Post-Institut gleich anfangs vor fremder Konkurrenz zu schützen und daher demselben das ausschließliche Recht zur Briefbeförderung und bald auch zum Transport der Reisenden nach Art der Posten auf Poststraßen vorzubehalten.

Anfangs beschränkte sich die Bestimmung der Postanstalt lediglich auf den Transport der Briefe und kleineren Sendungen mittelst Wechsels der Pferde auf gewisse Entfernungen. So wenig von dem ursprünglichen Verfahren bei der Errichtung der Briefpostanstalt mit Bestimmtheit zu ermitteln ist, so ist doch so viel bekannt, daß die von dem General-Erbland-Postmeister zur Verreitung der Briefpost gedungenen Pferdeinhaber sich nach und nach selbst als Postmeister gerirten und hierdurch die Stationen gegen Bezug eines verhältnißmäßigen Antheils von dem Briefporto hin und wieder erblich an ihre Familie brachten. — Die erblichen Postmeister übernahmen im Laufe der Zeit die Verpflichtung, die Beförderung der Briefposten, die sogenannten Erblichkeitsritte unentgeltlich zu leisten, dafür wurde ihnen aber, als Mittel zum Zwecke, das ausschließliche Recht des beschleunigten Personentransportes mittelst gewechselter Pferde auf der Poststraße für ihre eigene Rechnung eingeräumt. Das Vorrecht der ausschließlichen Führung des von der Post so benannten Posthornes galt als ein nothwendiges Attribut der Post zu ihrer äußeren Auszeichnung und leichteren Unterscheidung von Privattransportgelegenheiten.

Nebst der Ordinari-Post war auch der Estaffettendienst eingerichtet. Trotz der Strenge der Postgesetze waren Briefschwärzungen im Schwunge; wogegen mehrfach Gesetze erlassen wurden. Das älteste bekannte Postgesetz ist das Postgenerale Kaiser Ferdinand's II. vom 13. September 1621. Dasselbe wurde 1624 und 1625 erneuert.

Die Benutzung der Postwagen zur Versendung von Frachten, war Privaten untersagt, und mußten letztere Privatgelegenheiten in Anspruch nehmen. Der ausschließende Vorbehalt des Transportes von Frachtstücken zu Gunsten der Postanstalt stammt aus einer weit späteren Zeit, nämlich seit Einführung der wöchentlich abgehenden und ankommenden Postwagen.

Durch das Botenpatent vom 14. Dezember 1748 wurde eine eigene Postwagen-Anstalt errichtet. In diesem Patent wird den ausländischen Boten untersagt, mit kleinen Schachteln, Truhen und Packeten unter 8 Pfd. die Landesgränzen an jenen Orten zu betreten, wo Postwagen aufgestellt waren. Hauptsächlich war dieses Patent mit gegen die Briefschwärzung gerichtet, weil mit den Patenten meist auch Briefe massenweise eingeschmuggelt wurden.

Die Postwagen-Anstalt begann ihre Thätigkeit mit einer wöchentlich einmaligen Fahrt von Wien bis Regensburg. 1750 kursirten bereits Diligencen zwischen Wien und Linz, Passau, Triest, Prag, Troppau und Breslau, bis 1783 erst wöchentlich 6 von Wien aus, 1791: 16, 1820 im Ganzen 41 wöchentliche und 7 vierzehntägige Postwagen.

Die damalige k. k. Zentral-Direktion hatte für diese Anstalt eine eigene Direktion unter dem Namen k. k. Haupt-Postwagens-Direktion errichtet und sie im Jahre 1755 der damals unter dem Vorsitze des Fürsten von Paar entstandenen Hof-Kommission untergeordnet. Seit der unter Kaiser Joseph II. im Jahre 1783 erfolgten Auflösung der Hof-Post-Kommission ist zwar der fürstlich Paar'schen Familie, als Oberst-Reichs-Hof- und General-Erblanden-Postmeister, das Jus Praesent. et Domin. des Personals der beiden Postanstalten eigen geblieben, während die oberste Leitung des Ganzen ein Gegenstand der höchsten Finanzstelle geblieben ist.

Zur besseren Einrichtung des Postwesens wurde durch kaiserliche Resolution vom 14. Januar 1750 für die gesammten Erbländer ein General-Postdirektorium errichtet, an dessen Spitze der oberste Kanzler Graf Haugwitz trat.

Die Briefpost war getrennt von der Fahrpost bis zum Jahre 1829, wo in Folge a. h. Entschließung vom 27. April 1829 die Vereinigung der für die Briefpost-Verwaltung bestandenen obersten Hofpostamts-Verwaltung mit der Direktion der fahrenden Posten (Haupt-Postwagens-Direktion) in Wien, dann der Oberst-Postverwaltungen mit den Postwagens-Expeditionen in den Provinzen zu Stande kam, und die vereinigte Zentral-Postbehörde den Titel „Oberste Hof-Postverwaltung", die Provinzial-Postbehörden jenen der „Ober-Postverwaltungen" erhielten. Nach Auflösung dieser Behörden wurden Postdirektionen eingeführt und dem Handelsministerium, dann nach Auflösung derselben dem Finanzministerium und später wieder dem Handelsministerium untergeordnet.

Werfen wir noch einen Blick auf die Entwickelung des österreichischen Brieftax-Tarifes.

Ueber die älteste Brieftaxe fehlt es an verläßlichen Daten; es scheint in dieser Beziehung aber der Willkür der Postbeförderer ein weiter Spielraum gelassen gewesen zu sein, wie die folgende Stelle aus der Post-Ordnung vom 16. August 1695 beweist, worin den Postbeförderern anbefohlen wird,

„wegen des Briefs-Porto niemanden über die von Alters gewesene, und bei den Obrist-Hoff-Post-Ambt gebräuchige Taxa zu beschweren, mit den Herrschaften, Klöstern und deren Beamten, oder sonst andere, so ihre Brieff, nicht Stuck- sondern bestand Weiß, oder unterm Vorwand einiger Freiheit gegen Jährlicher Diskretion bezahlen, nach Proportion der Vielheit ihrer auffgebend- und abnehmenden Briff leydentlich, jedoch ihnen selbst unschädlich, tractiren, und accordiren, damit dem Postwesen, und sonderlich ihren Successoren bleßfals kein Präjudic zugezogen werden möge."

Damals gehörten die Posteinkünfte nicht dem Staate.

Seit Ende des siebzehnten Jahrhunderts bis jetzt sind in Oesterreich etwa 20 verschiedene Brieftaxordnungen in Kraft gewesen. Aufgemuntert durch die englische Tarifreform wurde vom 1. Januar 1866 an, die Taxe für den einfachen Brief auf 5 Kr. österr. Währung herabgesetzt auf Betreiben des damaligen Handelsministers Bernhard Freiherrn von Wullersdorf.

Oesterreich-Ungarn hat auf 11,253 Quadratmeilen eine Bevölkerung von etwa 36,000,000 Seelen. Im Jahre 1873 betrug die Gesammtzahl der Postanstalten 6097. Befördert wurden 272,479,363 Briefe, 27,990,600 Korrespondenzkarten, 31,623,343 Waarenproben und Drucksachen, 83,872,096 Zeitungsnummern. Die Betriebseinnahmen betrugen a. der österreichischen Post: 14,009,660, b. der ungarischen Post: 4,999,925 fl., die Ausgaben der östr. Post 12,465,120 und der ungarischen Post 4,816,051 fl. Der Briefpost-Verkehr im Inlande des reichsräthlichen Theiles 190,192,608, aus Deutschland 39,129,552, aus dem sonstigen Ausland 6,749,640, nach dem Auslande ohne Deutschland 7,663,194, vom Auslande nach dem Auslande 1,613,106, zusammen 245,348,100 Briefe, dann 21,350,424 Postkarten und 60,321,540 Zeitungen, 5,450,795 Pakete, 21,125,187 Werthsendungen von 4,270,632,849 fl. österr. Währung.

Nachwort.

Von Bernhard Becker.

———

Für solche Leser, welche sich mit dem von dem Herrn Verfasser behandelten Gegenstande bisher wenig oder gar nicht beschäftigt hatten, füge ich gegenwärtiges Nachwort hinzu. Selbiges ist dazu bestimmt, in flüchtigen Abrissen den Gegenstand von verschiedenen Seiten aus zu beleuchten. Beginnend mit dem Briefverkehr der alten Griechen und Römer und mit der ersten Spur einer Post bei den alten Persern, will ich das Aufkommen der Post im römischen Kaiserreiche und im Mittelalter zeigen, um darthun zu können, wie die Schwarzen Kabinette aus despotischer Zeit stammen und aus dem Begriffe des Regale hervorgegangen sind. Die Kriege und Eifersüchteleien der europäischen Fürsten, die nach Abschluß des breißigjährigen Krieges sich ausbildenden ständigen Gesandtschaften mit ihren diplomatischen Umtrieben und die gleichzeitig üppig hervorschießende geheime Polizei haben sodann das Ausspioniren der Brief- und Depeschen-Geheimnisse mächtig gefördert, so daß die Verurtheilung, welche dasselbe seitens der Juristen und Publizisten erfuhr, es nicht hat beseitigen können. Hierauf hat der Kampf der Demokratie mit der Monarchie seit der ersten französischen Revolution die Schwarzen Kabinette nur noch zu größerer Thätigkeit angespornt und ihnen zur Ergänzung außer der Zensur bei Drucksachen und einer wachsamen Paßkontrole häufig Haussuchungen, verbunden mit polizeilicher und gerichtlicher Beschlagnahme aller Papiere, sowie die Zeitungs- und sonstigen Schriften-Konfiskationen hinzugefügt. Bei dem Aufkommen der Telegraphen ist sodann die staatliche Oberaufsicht und das Eindringen in die Privatgeheimnisse auch auf diese übertragen worden. Die den Regierungen zur Verfügung stehenden geheimen Fonds nebst den Fortschritten in der Chemie haben die Kunst der Schwarzen Kabinette auf eine ungeahnte Höhe gebracht. So lange nun der Kampf zwischen dem Monarchismus und der Demokratie dauert, werden auch die Schwarzen Kabinette in der einen oder andern Weise fortbestehen; denn sie bilden ein beiden Theilen nothwendiges Kampfmittel. Nur der friedliche demokratische Staat, in welchem die Verkehrsmittel allen seinen Gliedern gleichmäßig zu Gute kommen, kann und wird, nachdem der Kampf mit dem unzweifelhaften Siege der Demokratie abgeschlossen hat, sich ihrer entschlagen können.

Dieß vorausgeschickt, wollen wir unsere geschichtliche Wanderung antreten, indem wir zunächst einen Blick auf das Briefschreiben der alten Griechen werfen.

I.

Das älteste Briefschreiben und die älteste Beförderung der Briefe.

Vom Briefschreiben ist bei den alten Griechen zuerst die Rede im Dichter Homer.*) Selbiger erzählt im sechsten Buche seiner Ilias: Prötus habe seinem Schwager Jobates Zeichen, die auf der inneren Seite einer oder vielmehr zweier zusammengelegter Täfeln eingeritzt gewesen seien, mitgegeben. Solche zum Briefschreiben gebrauchte Täfelchen, die man zusammenlegte und mit einem Faden an einander band, bestanden in ältester Zeit wahrscheinlich aus Holz. Hatten sie eine dreieckige Form, so hießen sie Deltos. In späterer Zeit schrieb man mit einer Art schwarzer Tusche häufig auf feines Nilpapier, das Produkt der Papierstaude, dessen Blätter zusammengelegt mit einem Faden umwunden und mit Siegelerde (asiatischem Siegelthon) oder auch mit einer Wachsmasse derart versiegelt wurde, daß die Siegelmasse unter und über dem Knoten des geknüpften Fadens sich befand, worauf zur Sicherung des Verschlusses ein Siegel aufgedrückt wurde. Die erste Kunde von betrügerischer Eröffnung der Siegel und somit von Verletzung des Briefgeheimnisses gibt in seiner Schrift Alexandros (Kap. 21) der griechische Schriftsteller Lukian, der wackere Bekämpfer jedes religiösen Aberglaubens, welcher von 120—200 nach Beginn der christlichen Aera lebte.**) Einer merkwürdigen Vorrichtung zur Sicherung der Staatsdepeschen bedienten sich die alten Spartaner. Selbige schrieben die Instruktionen für ihre Feldherren auf Riemen, welche um walzenförmige

---

*) Die Zeit genau zu bestimmen, in welcher Homer gelebt hat, ist unmöglich. Die eine Angabe setzt sein Leben um das Jahr 850, eine andere um das Jahr 1043 vor dem Anfange der christlichen Zeitrechnung. Troja, dessen Bekämpfung durch die Griechen er in der Ilias besang, wurde 1183 vor der christlichen Aera erobert und zerstört. Er ist überhaupt eine sagenhafte Person.

**) Lukianos, von seinen Eltern ursprünglich zu einem Verwandten, welcher Steinmetz war, in die Lehre gethan, sprengte als Jüngling die hemmenden Fesseln elterlicher Gewalt, bildete sich zum Rhetor aus, fungirte eine Zeitlang als Gerichtsbeamter und war ein sehr fruchtbarer, aufgeklärter und eleganter Schriftsteller, welcher um das Jahr 200 nach Anfang der christlichen Zeitrechnung wahrscheinlich als Beamter in Aegypten starb. Zu seiner Zeit kämpften das Christenthum und das Heidenthum um die Herrschaft im römischen Reiche und er wandte sich sowohl gegen den alten wie gegen den neuen Aberglauben. Seine Blüthezeit fällt unter die Herrschaft der beiden Antonine und des Commodus. Zufolge Hermann und Reiß wurde er im Jahre 120, zufolge Struve im Jahre 130 und zufolge Dodwell im Jahre 135 nach Anfang der christlichen Zeitrechnung geboren. Die in Rede stehende Schrift Alexandros schrieb er unter dem römischen Kaiser Commodus.

hölzerne Rollen oder Stäbe gewickelt waren, sobaß die Instruktion nur von Demjenigen gelesen werden konnte, der einen Stab vom gleichen Kaliber besaß. Solche Depeschenstäbe von gleicher Form wurden zwei angefertigt, wovon den einen der in den Krieg abreisende Feldherr mitnahm, während der andere in den Händen der Ephoren zurückblieb. Erhielt nun der Feldherr einen mit einer Depesche beschriebenen Riemen zugeschickt, so mußte er, um sie lesen zu können, den Riemen um den Stab, der ihm somit als Schlüssel für das Staatsgeheimniß diente, herumwinden.

So hoch sich auch geistig die alten griechischen Republiken entfalteten, waren doch ihre Verhältnisse räumlich zu eng und ihre staatlichen Organisationen zu sehr zersplittert, als daß sie es bis zu einem staatlichen Postinstitute gebracht hätten. Zwar gebrauchten sie hin und wieder Schnelläufer; aber diese gehörten zu keiner ständigen staatlichen Einrichtung und können somit nicht als Postboten angesehen werden.

Anders stand es um die Könige der alten Perser, die mit den griechischen Republiken in feindliche Berührung kamen. Die beiden griechischen Geschichtschreiber Herodot*) und Xenophon**) lassen auf das Vorhandensein einer Staatspost im alten Persien schließen; denn ihnen zufolge standen auf bestimmten Stationen für reitende Boten Pferde bereit. Allein diese Reiterpost biente nur dem persischen Despoten zur Uebermittelung von Nachrichten und war soweit kein gemeinnütziges Postinstitut.

Wie in Griechenland, so war auch in der alten römischen Republik keine Staatspost vorhanden. Die alten Römer schrieben ihre Briefe theils auf hölzerne, theils auf wächserne, später auch manchmal auf elfenbeinerne Täfelchen oder auf Blätter der Papierstaube, welche mit einem Bindfaden umwickelt und über dem Knoten gesiegelt wurden. War ein Brief in die Nähe zu besorgen, so schickte man ihn durch einen besonderen Sklaven (einen puor tabellarius); dagegen gab man bei weiten Entfernungen das Schreiben einem reisenden Bekannten (häufig einem reisenden Kaufmann) mit. Die Siegelmasse war ebenfalls Siegelthon oder Siegelwachs, wie bei den Griechen. Das Petschaft befand sich am Siegelring, welcher in ältester Zeit aus Eisen bestand und gewöhnlich am Goldfinger der linken Hand getragen wurde. Weiterhin wurde mit den Ringen ein großer Luxus getrieben und sie dienten zur Unterscheidung der Stände; denn während die Sklaven gar keine und die Plebejer nur eiserne Ringe tragen durften, schmückten die Patrizier die Finger beider Hände mit goldenen Ringen, an denen sich oft kostbare Steine und schöne Gravirungen befanden. Die Siegel wurden nicht allein bei Briefen gebraucht, sondern auch bei Schuldverschreibungen behufs größerer Beglaubigung; man versiegelte deponirtes Geld und verschloß mit Siegeln, damit die Sklaven nicht naschen und stehlen

---

*) Herodot ist wahrscheinlich 484 vor Beginn der christlichen Aera geboren und um das Jahr 404 gestorben.
**) Xenophon ist um das Jahr 444 vor der christlichen Aera zu Athen geboren und etwa um das Jahr 355 zu Korinth gestorben.

sollten, Speicher, Kisten, Fässer und Keller. Auch scheint aus einer Stelle Cicero's hervorzugehen, daß die Effekten und Papiere der eines Verbrechens Angeklagten manchmal versiegelt wurden.

II.

Die Post der römischen Kaiser.

Als wegen der namentlich durch den fortwährenden Kriegsraub herbeigeführten zu großen Ungleichheit in den Besitzverhältnissen die armen Freien immer mehr verlumpten und gegenüber dem krösusartigen Reichthume einiger weniger an Gewaltthat gewöhnten, zu jeder Schand= that bereiten und allem möglichen Sinnenkitzel hingegebenen Vornehmen die Republik nicht mehr aufrecht zu erhalten vermochten, da entstand — Verbrechen auf Verbrechen häufend — ein Kaiserreich, dessen Würden= träger zur Behauptung ihrer Herrschaft einen regelmäßigen Postdienst nöthig hatten. Nachdem der verruchte Cäsar, der erste Tyrann, von dessen Namen die Benennung Kaiser herrührt, auf offenem Markte in Rom 44 vor Beginn der christlichen Zeitrechnung ermordet worden war, warf sich bald darauf Augustus zum Tyrannen auf, und dieser war es, welcher in den weiten Theilen des sich über die ganze damals bekannte Erde erstreckenden Römerreichs für die Staatsbeamten eine von seinen Nachfolgern noch mehr ausgebildete und gepflegte Postanstalt ins Leben rief.*) Die kaiserliche Post war also nicht für die Verkehrsbedürfnisse des Publikums bestimmt, sondern beförderte nur amtliche Stücke und amtliche Personen. Daher konnte betrügerische Eröffnung, sowie Unter= schlagung der Schriftstücke seitens kaiserlicher Beamter sich nur gegen das kaiserliche Beamtenthum, den Kaiser und das Kaiserthum selbst kehren: wodurch eine Einrichtung, wie die modernen Schwarzen Kabinette sie bilden, außer Frage kommt. Um mit der Post fahren zu können, mußte man einen Erlaubnißschein der kaiserlichen Behörden vorweisen. So entschuldigte sich beim Kaiser Trajan der jüngere Plinius, weil er seiner Frau, die eine todtkranke Freundin besuchen wollte, die Erlaubniß gegeben hatte, sich der kaiserlichen Post zu ihrer Reise zu bedienen.**)

Nachdem der König der Ostgothen, Theodorich, der Sohn Theodo= mir's, in drei großen Schlachten Odoaker besiegt und sich seit 493 dauernd in Italien festgesetzt hatte, ließ er die in Italien vorgefundenen Postanstalten bestehen, betrachtete es aber als einen Mißbrauch, wenn sie dem großen Publikum dienten, und traf demzufolge seine Verfügung.

Man hat angenommen, daß der Frankenkönig Karl, der sogenannte Große, der durch Kriegseroberung eine Menge Menschen abschlachtete

---

*) Augustus herrschte 40 Jahre; er starb am 19. August des Jahres 14 nach Beginn der christlichen Aera.

**) Der hier in Rede stehende Brief findet sich im zehnten Buche der Briefe des Plinius, welches lauter amtliche Schreiben enthält. Plinius der Jüngere war im Jahre 62 nach christlicher Zeitrechnung zu Como geboren; sein Todesjahr ist unbekannt (vermuthlich fällt es gegen 110).

und im Bunde mit dem römischen Bischof ein abendländisches Kaiserthum herzustellen beflissen war, in Frankreich aus der Römerzeit her
noch Postanstalten vorgefunden und daß er dieselben auf die unterjochten
Länder behufs Aufrechterhaltung seiner Thrannei erweitert habe. Gesetzt
den Fall, daß er wirklich eine solche Postverbindung einrichtete, diente
selbige doch nur despotischen Zwecken und war ausschließlich für den
Herrscher da.

III.

Die Entstehung der Post im Mittelalter.

Unter der Herrschaft der deutschen Barbaren, der sogenannten
Germanen, welche wie eine stürmische Meersluth das ganze Europa
überschwemmt hatten, sowie unter dem verdummenden Einflusse christlichen Aberglaubens, der die alte heidnische Zivilisation verdrängte,
wurde gar manches Stück werther Kulturarbeit früherer Jahrhunderte
vernichtet und blieb hinweggeräumt, bis der menschliche Geist sich wieder
an den stärkenden Schriften des klassischen Heidenthums aufrichtete.

So war auch die Post, anstatt zu einer gemeinnützigen Anstalt
erweitert zu werden, durch die deutsch-christlichen Barbaren in Dunkel
und Vergessenheit begraben worden, bis durch die zu Anfange des drei-
zehnten Jahrhunderts in Paris aufkeimende Pflanzstätte der Wissen-
schaften — durch die Pariser Universität — eine Art Post ins Leben
trat. Diese Universität, deren Sorbonne-Kolleg vom Jahre 1253 datirt,
die jedoch ein regelmäßiges Studium der Rechte erst 1384 einführte,
stellte eine ständige Botenpost her, um den Verkehr der Studenten und
Lehrer mit den Angehörigen der Studenten zu vermitteln.

Aber auch in Deutschland, wo seit 1241, nachdem Hamburg und
Lübeck sich alliirt hatten, die unter dem Namen Hansa bekannte mächtige
Städteverbindung emporblühte, wurde von den Hansa-Städten eine von
Riga bis nach Amsterdem gehende regelmäßige Post eingerichtet, die
ihre Haupt-Zwischen-Stationen in Hamburg, Stettin, Danzig und
Königsberg hatte. Diese Hansa-Post verzweigte sich auch nach den vom
demokratischen Geiste belebten süddeutschen Städten, unter denen zuerst
Nürnberg zu einer postalischen Verbindung Hamburg die Hand reichte.

Nicht minder führten die Deutschritter im Jahre 1276 eine von
Ordenshaus zu Ordenshaus laufende Post ein, die regelmäßig ging und
jeden einzelnen Brief, die Zeit seiner Aufgabe und die Zeit seines Ab-
gangs, sorgfältig verzeichnete.

IV.

Die Verwandlung der mittelalterlichen Post in ein Regal.

Somit ist sowohl in Frankreich wie in Deutschland die Post nicht
monarchischen Ursprungs, wie gleichwohl Lobhudler der Monarchie dieß
manchmal versichern; wohl aber bemächtigten sich des nützlichen Post-

Instituts die Fürsten, um dasselbe für ihre Zwecke auszubeuten. Sie erklärten dann die Post für ein Regal und beanspruchten über sie die Oberhoheit, wie sie es mit den Bergwerken und anderen einträglichen Sachen thaten.

In Frankreich schuf 1464 der König Ludwig XI. (geboren am 3. Juli 1423 und gestorben am 30. August 1483) eine Staatspost und vereinigte mit derselben — das heißt: unterdrückte — die Universitäts-Post.

Wenn die Fürsten die Post für ein Regal erklärten, wollten sie dieselbe als ergiebige Geldquelle benutzen, und wenn sie über dieselbe selbstverständlich die Oberhoheit beanspruchten, so thaten sie es, um die Oberaufsicht über sie davon herleiten zu können. Das ist der Ursprung von dem Ausstöbern der auf der Post vorhandenen Briefe — mit andern Worten: der Ursprung der Schwarzen Kabinette.

In dem Edikt, durch welches Ludwig XI. seine Staatspost ins Leben rief, hob er hervor, wie unendlich wichtig es für den König sei, von überall her Nachrichten zu empfangen, nach überall hin seinen Willen kundthun zu können. Er erklärte sich für bereit, seine Post auch von den Boten des Papstes und anderer befreundeter Fürsten benutzen zu lassen unter der Bedingung, daß dieselben gehörig für diese Vergünstigung zahlten und sich einer Untersuchung unterwerfen wollten. Dagegen verbot er bei Todesstrafe, daß Jemand an irgend einen noch so Hochgestellten ohne den ausdrücklichen Befehl des Königs oder seines Ober-Postmeisters Pferde vermiethete.

In England war es der König Richard III. (geboren den 2. Oktober 1452, gefallen in der Schlacht bei Bosworth den 22. August 1485), der zur Uebermittelung von Nachrichten zwischen sich und seinem Hof einen auf Pferdewechsel gestützten regelmäßigen Postdienst einführte. Somit zwar war die Post Englands ursprünglich keine gemeinnützige Anstalt. Erst unter der englischen jungfräulichen Königin Elisabeth (geboren am 7. September 1533 und gestorben den 24. März, das heißt, nach verbessertem Kalender den 3. April 1603) wurde den Posthaltern gestattet, nebenbei auch Briefe für Privatleute zu besorgen und sich dadurch einen Nebenverdienst zu verschaffen. Die dem Volke auf diese Weise dienstbar gewordene Post wurde im Jahre 1642 in Pacht gegeben und dann für ein Monopol erklärt. Ein Brief von London bis nach Edinburg, der Hauptstadt Schottlands, brauchte zu seiner Beförderung, ehe er anlangte, im Anfange des vorigen Jahrhunderts acht Tage Zeit. Obschon 1710 die königliche Verwaltung an die Stelle der seitherigen Pächterei-Verwaltung trat, blieben doch die Verkehrsbedürfnisse des Volkes bis zum Jahre 1839 wenig berücksichtigt; denn die Regierung betrachtete und behandelte nach wie vor die Post wie eine ergiebige Geldquelle.

Auch in Deutschland benutzten die Fürsten die Posteinrichtung für ihre Hauspolitik und für ihren Geldbeutel. Auch hier machten sie dieselbe zum Regal und beanspruchten das Oberaufsichtsrecht. So stellte 1514 der Herzog Georg von Sachsen zwischen Friesland, dessen Statthalter er war, und zwischen seinem Heimathlande Meißen einen regelmäßigen Botenlauf her und erprobte unter Anderm sein Oberaufsichtsrecht an dem rebellischen Mönche Martin Luther, indem er ihm einen Brief abfing, worauf Luther, der recht grob zu sein verstand, 1528 seine geharnischte Schrift wider ihn schrieb.

Gewöhnlich pflegen die deutschthümelnden Monarchisten das Böse in ihrem frommen Vaterlande als eine Importation aus dem verkommenen Frankreich heuchlerisch auszugeben. So ist es auch mit dem auf der Post üblichen Schwarzen Kabinette, das man gern dem französischen Könige Ludwig XIV. und den französischen Ministern Richelieu, Louvois und Leuten ähnlichen Gelichters in die Schuhe schiebt, geschehen. Für die deutschen Fürsten, welche Ludwig XIV. nachahmten, sowie für die Deutschen überhaupt, ist eine solche faule Ausflucht in der That kein schönes Kompliment, weil sie ja für das Böse Frankreichs vielmehr als für das Gute desselben empfänglich gewesen sein müßten.

Allein die Verletzung des Briefgeheimnisses und das Abfangen der Briefe brauchten nicht erst aus Frankreich importirt zu werden, da sie von deutschen Fürsten, wie die Reformationskämpfe unwiderleglich darthun, lange vor Ludwig XIV. ausgeübt wurden und somit als ächte naturwüchsige Kinder deutschen Staatslebens zu betrachten sind.

Daher hielten es die in zwei Lager getheilten deutschen Fürsten für nöthig, 1690 in dem 29. Artikel, § 2, der Wahlkapitulation vom deutschen Kaiser die Heiligkeit des Briefgeheimnisses verbürgen und als ein Grundrecht beschwören zu lassen.

In den Ländern des deutschen Reichs hatten sich die aus dem Hause Habsburg stammenden Kaiser das Post-Regal angemaßt, das heißt: sie beanspruchten das ausschließliche Recht der Errichtung und Beaufsichtigung der Posten und der Einsetzung der General-Reichs-Post-Beamten. So wurde Lamoral (Vater und Sohn) von Thurn und Taxis als Reichs-Postmeister durch Ferdinand I. und II. bestätigt und sogar durch den Letzteren das General-Reichs-Postamt erst in ein Mannslehen und später auch in ein Weiberlehen der Thurn und Taxis'schen Familie verwandelt. Anfangs ließen sich die deutschen Fürsten die Anmaßung des Kaisers ruhig gefallen, zumal da ihnen der Vortheil gewährt wurde, daß die Reichspost ihre amtlichen Depeschen gratis beförderte. Als sie aber gewahrten, welche Einnahmen sich mit dem Post-Institute erzielen ließen und welcher Vortheil in dem Oberaufsichtsrechte über die Posten, resp. in der Verletzung des Briefgeheimnisses, lag: da stellten sie einestheils in der Wahlkapitulation die oben erwähnte Bedingung der Verbürgung der Unverletzlichkeit des Briefgeheimnisses, und anderntheils errichteten seit 1574 diejenigen Fürsten, durch deren Länder die Thurn und Taxis'sche Post nicht ging, besondere Landposten. Indem nun die Kaiser in ihren sogenannten Erbstaaten dem Hause Thurn und Taxis das Post-Privilegium nicht gewährten, entstanden besondere Posten in Oesterreich und Böhmen neben jenen in Brandenburg, Braunschweig, Sachsen, Würtemberg, Mecklenburg, Hessen u. s. w.

V.
Urtheile von Rechtsgelehrten und Publizisten über die Post=Spitzelei.

Obschon im siebzehnten und achtzehnten Jahrhunderte sich eine große Menge von Rechtsgelehrten für die Unverletzlichkeit des Brief= geheimnisses aussprachen und eine Ausnahme nur dann gestatteten, wenn der Bestand der Regierung oder des Staates in Gefahr war und wenn die Eröffnung der Depeschen und Briefe als Kriegsmaßregel an= gewandt wurde, nahm doch nach dem dreißigjährigen Kriege, nach welchem sich die geheime Polizei und das Institut der ständigen Gesandt= schaften an den europäischen Höfen herausbildete, der Treubruch des Briefdurchstöberns und Briefunterschlagens immermehr überhand.

So berichtet der ältere Moser im vierten Bande seines euro= päischen Völkerrechts:

„Ein französischer Ambassadeur bekam von Haus Depeschen, die aber mit dem Siegel des Hofes, wo er sich befand, versiegelt waren. Er klagte entrüstet bei dem ersten Minister. Dieser sah die Depeschen an und sagte lächelnd: Wirklich! Da muß ein Mißgriff in der Kanzlei geschehen sein. Ein anderer beschwerte sich ebenfalls, seine Briefe müßten mit einem nachgemachten Siegel gesiegelt sein. Es ist wahr, sagte der Minister, wir haben keine so geschickten Stempelschneider wie in Paris.“

Ebenso schrieb 1784 Friedrich Karl von Moser in seinem Werke: „Ueber Regenten, Regierungen und Minister“ (Frankfurt a. M.) Seite 30:

„Es gibt gewisse privilegirte Malhonnetetäten in der großen Welt, die man durch einen stillschweigenden Vertrag einander eingesteht, ohne sich je öffentlich dazu bekennen zu mögen. Dahin gehört z. B. die heimliche Eröffnung der gesandtschaftlichen und anderer Briefe, wozu man eigne Leute, Dechiffreurs und Petschierstecher hält.“

Auch im gegenwärtigen Jahrhunderte hat es nicht an Rechts= gelehrten gefehlt, die sich gegen die Schwarzen Kabinette ausgesprochen haben. Welcker sieht (in seinem Staats=Lexikon) in der Verletzung des Briefgeheimnisses ein unbefugtes Aneignen, ein Gebrauchen und Zer= stören fremder Geheimnisse, oder der Gedanken, Gefühle, Absichten und besonderen Erfahrungen, welche Jemand nur für sich selbst oder nur für bestimmte vertraute Personen seinem eignen oder dem fremden Ge= wahrsam und namentlich versiegelt der Post anvertraut. Er erblickt darin ein Rechtsvergehen gegen die Selbständigkeit der freien Persönlich= keit und führt u. A. aus Mittermaier’s Archiv (II, 455) folgende Stelle an:

„Die Maßregel der Brieferbrechung bewirkt ein völliges Auflösen aller Bande des Vertrauens. Fängt der Staat einmal damit an, so ist es bekannt, daß er meistens wegen politischer Meinungen die Besten und Edelsten im Verdacht hat. Denn die Schlechten stehen theils im Solde der Machthaber, theils haben sie gar keine Meinung, theils wissen sie sich glücklich genug zu verstellen.“

VI.

Urtheil Mittermaier's über die Beschlagnahme aller Papiere.

Ueber die in neueren Zeiten häufig gewordene Beschlagnahme aller Papiere klagt Mittermaier, wie Welcker anführt, im Jahre 1822 (f. Neues Archiv Bd. V, S. 309 ff. Vgl. auch dessen Strafverfahren § 61. 62.):

„Sie hat nicht bloß alle Nachtheile und Einwendungen der Haus= suchung überhaupt gegen sich, indem sie das Recht auf häusliche Ruhe und Frieden stört, den Ruf des Hausbewohners auf empfindliche Weise verletzt und mit Profanirung aller Geheimnisse verbunden ist. Und es ist aber kein Zeichen des Sinnes für bürgerliche Freiheit, daß wir fast den Begriff des Hausfriedens verloren haben. — Wer mag es leugnen, daß die Vornahme einer solchen Haussuchung oft keine andere Gestalt an sich trägt, als wenn eine Bande von Räubern in eine Wohnung einbricht! Wer mag den Seelenschmerz des Unschuldigen, der in seinem Innersten sich verletzt fühlt, wer den Kummer der unglücklichen Familie verantworten, wer die Folgen berechnen, die aus einer solchen Störung und Untersuchung aller Geheimnisse von Seiten unberufener und nicht immer sehr verschwiegener Personen so häufig herauskommen. — Noch drückender aber wird die Papierbeschlagnahme, da sie meist als Mittel bei Untersuchungen wegen Staatsverbrechen und demagogischer Umtriebe Personen trifft, welche sich mit wissenschaftlichen Arbeiten beschäftigen, indem man gerade den Gelehrten die Ehre erwiesen hat, sie für gefähr= lich zu halten. Diese nun sind meist gewohnt, mit der Feder in der Hand zu denken. Nach der Meinung der Inquirenten aber kommt es darauf an, die verborgensten Gesinnungen und Ansichten der An= geschuldigten kennen zu lernen. — So erscheint daher jede Untersuchung der Papiere als eine Verletzung des heiligsten Rechts auf Geheimniß, als eine verderbliche Gedankenspäherei, als ein unmittelbarer Zwang, die geheimsten Gedanken, die Jeder nur vor Gott zu verantworten hat, herauszusagen. Sie wird aber auch gefährlich. Sie bringt eine Menge von halbreifen und zweideutigen Gedanken, von den innersten Gesinnungen, von bloßen Aufwallungen, von fremden, selbst noch nicht angenommenen Meinungen, von launenhaften Ergießungen einer auf= geregten Phantasie, die in der Stubirstube die Welt wohl anders ansieht, als bei dem wirklichen Handeln, und eine Zahl flüchtiger, im Momente einer unwilligen Stunde entstandener, im nächsten ruhigen Augenblicke selbst vom Erzeuger verdammte Geburten zur öffentlichen Kenntniß un= eingeweihter Personen. Zum Verstehen aber aller dieser Papiere fehlt der Schlüssel. Hier kann es nicht fehlen, daß manche hingeworfene Aeußerung eines Mannes, der seinem Jahrhunderte voraneilt, der eine neue Wahrheit ausgesprochen hat, welche den gewöhnlichen Menschen noch ein Greuel und Irrthum scheint, als gefährlich aufgefaßt und miß= braucht wird bald von Inquirenten, welche vielleicht, was zur wohl= thätigen Arznei bestimmt war, als Gift ansehen, bald von boshaften

Gegnern oder Anklägern, welche das Unschuldigste mißbrauchen. Man läßt den Vorder- und Nachsatz weg, reißt Alles aus seinem Zusammenhang und treibt es, wie der geniale Egmont den Schreiber Vansen die Kriminalisten schildern läßt. Bei einer solchen Untersuchung werden Papiere von zwanzig Jahren her gefunden. Ueber Alles, was der Schreibende schon längst vergessen hat, wo er sich nicht mehr der Veranlassungsgründe und Nebenumstände erinnert, soll er nun Rede stehen und den Sinn angeben, wie es der Inquirent aus allem Zusammenhang gerissen vorlegt — und dann sagt man noch, daß wir keine Folter mehr haben! Aus solcher Durchsuchung entsteht jene empörende Art der Inquisition, welche auf Gedanken geht und über Meinungen Rechenschaft fordert, und Erklärungen des Angeschuldigten, was er dabei gedacht, als er vor zwölf Jahren die Stelle schrieb, ja was ein anderer dachte, als er eine bestimmte Stelle schrieb? Kein Mittel verletzt ferner zugleich so sehr auch ganz u n s c h u l d i g e d r i t t e P e r s o n e n. Bei jeder Durchsuchung dieser Art fordert die Konsequenz und Zweckmäßigkeit, daß man sie auf alle Papiere, die in der Wohnung gefunden werden, ausdehnt, weil man nicht wissen kann, inwieweit der Angeschuldigte seine Papiere schlau versteckt oder anderen Personen zur Aufbewahrung gegeben hat. Briefe von Kindern und Eltern, von besuchenden Verwandten, die vertraulichsten Ergießungen inniger Zärtlichkeit liegen dann offen vor den Späherblicken uneingeweihter Personen. Kommt da irgend eine dunkle Stelle, so muß der Befragte sich rechtfertigen und oft Vorfälle erzählen, die Niemanden angehen. Familiengeheimnisse aller Art werden hier profanirt, vertrauliche Geständnisse, menschlich zarte Ergießungen des Freundes werden hier Gegenstände einer Untersuchung, bei welcher nicht immer mit besonderer Delikatesse und Verschwiegenheit gehandelt wird. Das ganze Leben eines Mannes in Verhältnissen, die den Staat Nichts angehen, wird auf die verletzendste und gefährlichste Weise preisgegeben. Ja man hat sogar in neuerer Zeit die Beschlagnahme bei nicht Verdächtigen rechtfertigen wollen, um dadurch über die Gesinnungen dritter Personen und über die Verdachtsgründe gegen sie Aufschlüsse zu suchen (ja wohl gerade um noch unbekannte Vergehen zu finden), gerade als wenn man Jemanden verhaften dürfte, weil er möglicherweise über ein Vergehen Auskunft geben könnte."

Wie Mittermaier sprachen sich andere Rechtslehrer gegen die Verletzung des Briefgeheimnisses aus. So nennt in seinen „Kieler Blättern" der Kieler Rechtsprofessor Niemann, der, wie beiläufig hier erwähnt werden soll, der Dichter des in der Studentenwelt berühmten Landesvaterliedes ist, die „Verletzung des Briefgeheimnisses durch die beeidete Wächter desselben Bruch des fürstlichen Wortes", „Amtsverbrechen", „Missethat gegen das öffentliche Vertrauen".

VII.

Die geheime Inquisition gegen die Burschenschaft und das „junge Deutschland".

Namentlich wurde in der Zeit der burschenschaftlichen Bestrebungen vor dem Jahre 1848 das Briefgeheimniß oft gröblich verletzt. Die mit den Demagogen=Verfolgungen verknüpfte geheime Inquisition ist so bekannt, daß wir hier nicht näher darauf einzugehen brauchen. Selbst auf dem Boden der Schweizer Republik wurde von den deutschen Regierungen die Brief=Spitzelei damals importirt. In dieser Beziehung berichtet Gustav Kombst in seinem Buche: „Erinnerungen aus meinem Leben" (Leipzig 1848), auf Seite 224 über die Flüchtlingshetzen in den Jahren 1834—1836 wie folgt:

„Den Schweizern ward auf diese Weise vollends der Kopf verdreht, und ihre früher bewiesene Schwachheit von Grad zu Grad zur Erbärmlichkeit gesteigert; jetzt ward weder das Briefgeheimniß, was freilich in Bern nie sonderlich respektirt worden, noch die persönliche Freiheit der Bürger, mit Einem Worte Nichts mehr geachtet, was einer jeden Regierung unter allen Umständen, ihrer eignen Würde wegen, heilig sein muß. Dasselbe System allgemeiner Inquisition begann, wie anderwärts. Männer, welche in irgend einem Verkehre mit Flüchtlingen gestanden, hatten Haussuchungen zu gewärtigen oder wurden wohl gar auf längere Zeit von Regierungswegen unter polizeiliche Aufsicht gestellt. Auch die geheime Polizei, sonst nur ein Vorzug monarchischer Regierungen, ward heimisch auf schweizerischem Boden."

Auf Seite 309 des zitirten Buches erzählt Kombst:

„Unter dem Titel „„radikales Portfolio"" erschien im Jahre 183* in der Allgemeinen Zeitung eine Anzahl Briefe, welche in den vorhergehenden Jahren von mir an meinen Freund F.*) gerichtet waren. Diese Briefe waren im Jahre 1836 während der allgemeinen Flüchtlingshetze in der Schweiz beim Kaufmann Stumm in Basel im Original von der Regierung des Kantons in Beschlag genommen worden. Abschriften derselben hatte man an die Gesandtschaften in Bern mitgetheilt, und so mochte der Inhalt dieser Briefe Manchem unter die Augen gekommen sein. Eine Anmerkung unter dem Abdrucke des ersten Briefes sagte, daß Diejenigen, welche die Veröffentlichung der Aktenstücke in dem Londoner Portfolio ganz in der Ordnung gefunden hätten, hoffentlich auch an dem Abdrucke der vorliegenden Briefe keinen Anstoß nehmen würden. So weit ich selbst von dieser Folgerung berührt wurde, hatte ich gegen sie Nichts einzuwenden. Es ist aber jedenfalls ein Unterschied zu machen zwischen der unerlaubten Veröffentlichung von Dokumenten, welche ihrer Natur und Bestimmung nach das öffentliche Gemeinwesen angehen, und den vertrauten Mittheilungen von Freunden. Eine Handlung der erstern Art mag man je nach Umständen und Parteirücksichten

---

*) Unter F. ist Fein gemeint.

für strafbar und wünschenswerth erachten; die Veröffentlichung von Privatbriefen, ohne Erlaubniß des Absenders wie des Empfängers, muß immer als eine nicht zu entschuldigende Indiskretion angesehen werden."

VIII.
Das moderne Schwarze Kabinet Frankreichs.

Etienne Arago, im Jahre 1848 der General-Postdirektor Frankreichs, schreibt in seinem Werke: L'Hôtel de Ville de Paris au 4 septembre et pendant le siége (Paris, 1875, 2. Auflage) auf Seite 60:

„Meine Blicke entdeckten einen unreinen Rest des Schwarzen Kabinets der Monarchie, das ohne Wissen zweier Minister in den Niederungen zweier Ministerien noch funktionirte, eine finstere Sulkursale, welche abgeschafft wurde — wenigstens so lange meine Verwaltung dauerte."

Noch mehr Aufschluß finden wir in Stephan Arago's Buche: Les Postes en 1848. Er erzählt daselbst:

„Noch am Tage meines Antritts der Postverwaltung (am 24. Februar 1848) verlangte ich, als ich den Abgang der Posten sichergestellt hatte, daß man mich ins Schwarze Kabinet führen sollte, indem ich mir fest vorgenommen hatte, es augenblicklich abzuschaffen.

„Die Unter-Direktoren fingen an zu lächeln und erklärten mir, daß kein Schwarzes Kabinet vorhanden wäre. Nach vielfachem erneuertem Herumfragen in den ersten Tagen, wobei Herr Gouin, den ich am Hitzigsten sondirte, mir mit einer entrüsteten Aufrichtigkeit antwortete, und nach persönlichen Forschungen, die ich sogar bei Nacht anstellte, mußte mein Unglaube besiegt werden. Ich erfuhr, daß schon im Jahre 1827 unter der Direktion des Herrn v. Villeneuve das Schwarze Kabinet abgeschafft worden wäre. Dessen ungeachtet erlangte ich später den ganz sichern Beweis, daß seit der Zeit, wo man nicht mehr die Briefe in der Postverwaltung entsiegelte, gewisse den Launen des regierenden Souveräns servil unterwürfige Direktoren mit demselben „„gearbeitet"" hatten (wenn ich einen Ausdruck von Bourienne gebrauchen darf, der uns in seinen Memoiren erzählt, daß der Herr Postdirektor Delaforest auf diese Weise mit dem ersten Konsul gearbeitet habe)."

Stephan Arago entdeckte, daß die Briefe, welche für die fremden Gesandtschaften ankamen und von ihnen abgingen, erbrochen und gelesen und daß dem Minister des Innern und dem Minister des Aeußern unter Louis Philipp tägliche Berichte darüber erstattet wurden. Er sagt:

„In jeder Gesandtschaft gibt es einen Briefbeutel, in welchen außer den Gesandten viele in Paris wohnende Landsleute dieser Gesandten ihre Briefe werfen. Diese Briefe genießen Porto-Freiheit. Nun hatte sich der Beförderer des Briefbeutels verkauft. Er trug seinen Beutel ins Entsiegelungs-Bureau der Allgemeinen Sicherheit (d. h. der Polizei). Man öffnete den Beutel, suchte die verdächtig scheinenden

Briefe heraus und dann ging der Beutelträger auf die Post, wo der Beutel geleert wurde. Eine Operation im umgekehrten Sinne wurde gemacht bei der Ankunft der ausländischen Korrespondenzen in Paris; selbige passirten durch das geheime Bureau, wo mehrere entsiegelt und dann wieder versiegelt wurden, ehe sie an ihren Bestimmungsort gelangten.

„Dieß ist unter allen der Republik vorhergehenden Regierungen praktizirt worden. Ungeachtet den Bemerkungen und Bitten des damaligen Polizeidirektors Carlier, der Frankreich gegenüber den in diesem Punkte weniger bedenklichen fremden Mächten als entwaffnet schilderte, zerbrach Herr Bastide mit entrüsteter Hand dieses Werkzeug monarchischer Herrschaft, wovon er bis dahin nicht gewußt hatte, daß es in seinem Ministerium vorhanden war."

Unter der Schwindel- und Verschwörer-Herrschaft Louis Napoleon's nach dem Falle der Republik von 1848 war das Schwarze Kabinet wieder in ununterbrochener Thätigkeit. Als Louis Napoleon bei Sedan in Gefangenschaft gerieth und 1870 die Republik wieder erschien, wurde der Orleanist Graf v. Keratry auf einen Monat Polizeipräfekt von Paris. Selbiger hat 1872 ein zu Paris erschienenes Buch (betitelt: Le 4 septembre et le gouvernement de la défense nationale, und verlegt in der Librairie internationale) veröffentlicht, worin er bezüglich des Schwarzen Kabinets auf Seiten 34 u. 35 Folgendes erzählt:

„In dem besonderen Kabinet des Präfekten fand ich ganz werthlose Papiere und einen Restbetrag von geheimen Fonds, der auf der Stelle inventarisirt wurde. Die einzige interessante Entdeckung bestand in einer Reihe Abschriften von Briefen gewisser Persönlichkeiten, namentlich der Prinzen von Orleans und anderer unter dem Kaiserreiche auf den Index gesetzter citoyens. Also war das Schwarze Kabinet wirklich auf der Präfektur vorhanden und in Thätigkeit gewesen: — was ich nach den entgegengesetzten und so bestimmten Erklärungen des Herrn Vandal nie gedacht hätte. Denn ich war im Jahre 1869 auf die Einladung des General-Direktors ins Postgebäude gegangen, um Licht in diese Sache zu bringen; ich hatte in seiner Begleitung das Gebäude besehen und war, wie ich gestehen will, beim Fortgehen überzeugt gewesen, daß diese unedle Einrichtung schon lange aus unseren Sitten gestrichen wäre. Ich werde der (Enquête-)Kommission (der National-Versammlung) die Liste dieser vor der Aushändigung an die Adressaten unterschlagenen und in Abschrift genommenen Briefe überreichen."

Graf Keratry hat die besagte Liste in dem oben zitirten Buche veröffentlicht. Der Leser findet sie daselbst im Anhange unter Nummer 9.

In dem amtlichen Berichte, welchen Herr Felix Rocquain, der Archivist der französischen National-Archive, nach dem 4. September 1870 dem neuen Pariser Polizei-Präfekten amtlich über die in der Pariser Polizei-Präfektur vorgefundenen politischen Dokumente erstattete, ist zuerst die Rede von den in der Polizeisprache mit dem Namen indicateurs (Angeber) bezeichneten geheimen Polizeispitzeln, die in den letzten zehn Jahren des Kaiserreichs alle Verschwörungen und Attentate selbst entweder eigens hervorriefen oder doch mit sorgsamer Hand pflegten und zu künstlichen Dimensionen großzogen. Dann heißt es in Betreff der Schwarzen Kabinette:

„Mit diesen Angebern besaß man auch die Hülfsmittel für das Schwarze Kabinet, das trotz alles öffentlichen Abläugnens bis in die neueste Zeit immer fortbestanden hat und bei dem zwei spezielle, dem Polizei-Präfekten untergeordnete Beamte angestellt waren. Vermittelst des Eröffnens der Briefe, von denen man Abschrift nahm, erfuhr man gewisse Tendenzen, gewisse Projekte, welche weiter zu verfolgen und zu entwickeln geheime Agenten den Befehl erhielten."

Der Polizei-Präfektur waren geheime Fonds im Betrage von drei Millionen Francs zugewiesen, wovon der Polizei-Präfekt Pietri allein 600,000 Francs erhielt.

IX.
Die deutsche geheime Inquisition nach dem Jahre 1848.

Es versteht sich von selbst, daß in der Zeit der Reaktion nach dem Jahre 1848 von den deutschen Regierungen nicht glimpflicher hinsichtlich des Briefgeheimnisses verfahren wurde, als vordem. Theils auf der Post selbst, theils mit polizeilichem Einbruch in die Geheimnisse des Hauses suchten sie hochverrätherischen Unternehmungen auf die Spur zu kommen. Bei uns in Deutschland ist die Reaktion chronisch geworden. So gut wie man reisende Personen einer strengen Paßkontrole unterwarf, ebenso gut unterwarf man reisende Briefe, welche Aufschluß über die Gesinnungen von bekannten und unbekannten Personen geben konnten, einer rücksichtslosen Durchstöberung.

So heißt es im siebenten Bande des bei Brockhaus erscheinenden Werkes „Unsere Zeit", Jahrgang 1863 in der Abhandlung: „Preußen seit Abschluß des Staatsgrundgesetzes bis zur Einsetzung der Regentschaft (dritter Artikel, Seite 408):

„Wozu außerdem die 1850 beinahe verdoppelten, auf 80,000 Thaler jährlich veranschlagten geheimen Fonds, über welche ohne jegliche Rechenschaft verfügt werden konnte, verwendet wurden, das läßt sich nur vermuthen. Da ihre Nothwendigkeit mit dem ein= fachen und nackten Eingeständniß begründet wurde, ein jedes Ministerium bedürfe geheimer Mittel und geheimer Agenten im Innern, so weiß man wenigstens so viel, daß dem Denunziantenwesen Vorschub ge= leistet werden mußte."

Es ist bekannt, daß das Ministerium Manteuffel sogar den da= maligen Prinzen von Preußen, den jetzigen Kaiser Wilhelm, unter geheime Aufsicht stellte und seine Papiere durchmusterte. Verletzte man aber schon das Briefgeheimniß beim zukünftigen Kronenträger, wie mußte man da erst alle Rücksichten bei Seite setzen, wenn es sich um das Briefgeheimniß gewöhnlicher Menschenkinder handelte?!

Was mich selber anbetrifft, so muß ich aus persönlicher Erfahrung der Postdirektion in Weimar zur Ehre hervorheben, daß ich, wäre die=

selbe nicht biskret gewesen, im Jahre 1850 einmal ohne mein Verschulden in eine recht unangenehme Lage hätte gerathen können. Ueber die Mittel, deren sich manche Demokraten und Flüchtlinge bedienten, um auf der Post ihre Briefe vor Eröffnung zu sichern, will ich hier nicht sprechen.

Im Jahre 1851 hatte ich eine in populärer Sprache abgefaßte Schrift, in welcher später ein Paar Staatsanwälte eine Aufforderung zur Vorbereitung des Hochverraths, eine Herabziehung des Eides und eine Verspottung der christlichen Religion erblickten, geschrieben und wollte dieselbe unter meinem Namen beim Leipziger Buchhändler Otto Wigand erscheinen lassen. Da aber Otto Wigand befürchtete, daß der Druck dieser Schrift unangenehme Folgen, welche sich „nicht mit Geld würden abmachen lassen", ihm zuziehen würde, überschickte ich mein Manuskript dem damaligen rothen Republikaner Feodor Streit in Koburg, dem späteren Geschäftsführer des National-Vereins, welcher besagte Streit zwar selber eine Druckerei besaß, aber meine Schrift mit geheimer Presse in Bremen bei Dulon drucken ließ. Von den abgezogenen 1000 Exemplaren behielt Feodor Streit als Vermittler des Drucks zur Deckung seiner Kosten 500 Exemplare für sich, während er mir die andere Hälfte zustellte. Ich hielt mich damals, nachdem ich aus Koburg und aus dem Königreich Sachsen wegen meiner demokratischen Gesinnung ausgewiesen worden war, unter den angenommenen Namen „Wolf" und „Löwe" in Leipzig auf, wo ich mit dem gefürchteten Polizei-Kommissär Steger in Wirthschaften öfters an demselben Tische Bier trank. Es gelang mir, meine 500 Exemplare durch Reisende, durch Pferdehändler und auf anderen sicheren Wegen zu verbreiten, ohne daß die Polizei die geringste Kenntniß von dieser „Aufforderung zur Vorbereitung des Hochverraths" erlangte, zumal da das Königreich Sachsen nach Verbreitung meiner Schrift gerade so fest stehen blieb, wie es bisher gestanden hatte. Anders ging es mit Streit. Derselbe hatte unvorsichtigerweise Pakete mit meiner Schrift auf der Post unter Andern nach Saalfeld, Gera und Schleiz gesandt. Diese Pakete waren auf der Post eröffnet, wieder geschlossen und dann den Adressaten zugestellt worden, worauf bei diesen eine Haussuchung stattgefunden hatte. Die Folge war, daß Streit verhaftet wurde. Er war erst seit Kurzem verheirathet und denunzirte mich, um mit seiner Frieda zusammen leben zu können, dem Gericht, indem er zugleich von mir Briefe, die unzweifelhaft mich als den Verfasser der inkriminirten Schrift erscheinen ließen, demselben überlieferte.

Mittlerweile war ich nach Braunschweig übergesiedelt und redigirte daselbst unter dem bescheidenen Titel eines Buchhalters die „Blätter der Zeit", das Organ der dortigen Demokratie. Die beiden Führer der Braunschweiger Demokratie, die jetzigen nationalliberalen Obergerichts-Advokaten Aronheim und Lucius, billigten die Denunziation ihres Koburger Kollegen. Auf Requisition des Saalfelder Gerichts wurde bei mir Haussuchung nach der inkriminirten Schrift gehalten und drei Exemplare in einem Tischkasten gefunden. Obgleich nun der die Haussuchung leitende und überwachende Polizei-Kommissär in dem Haussuchungsbefehl nur ermächtigt war, nach der in Rede stehenden Schrift zu suchen, so begnügte er sich doch nicht mit der Lösung seiner Aufgabe, sondern ließ mich sogar körperlich durchsuchen und mir meine Privatbriefe und sonstigen Papiere wegnehmen. Weil ich nicht mit Unrecht voraussetzte, daß er binnen wenigen Minuten mit einem Haftsbefehle zurückkehren würde, verließ ich alsbald nach seinem Fortgehen die alte Freimaurer-Loge in der Breitenstraße, worin ich wohnte, und suchte mich zu verbergen. Ein mir bis dahin unbekanntes Braunschweiger Fräulein rettete mich, indem sie mich als Dame ankleidete und mir ihre Zimmer einräumte, worauf ich mit Muße mir eine Paßkarte verschaffen, mein Haar färben und als Maler aus Deutschland hinausreisen konnte.

Unter den mir von der Polizei weggenommenen Papieren befanden sich Briefe, die von Leipzig datirt waren und die Unterschrift: „Deine Freundin Jeannette" trugen. Weil man trotz Steckbriefe und eifrigen Fahndens meiner nicht habhaft werden konnte, suchte die Leipziger Polizei ausfindig zu machen, wer diese Jeannette sei. Sie entdeckte in Leipzig bloß eine einzige Jeannette, die Tochter des ein Jahr vorher gestorbenen Universitäts-Dolmetschers Dr. Rathgeber. Es erschien daher eines schönen Morgens bei der Mutter derselben ein Leipziger Polizei-Assessor, welcher sie inquirirte, ob ihr Fräulein Tochter nicht mit mir ein Liebesverhältniß hätte. Indeß wurde er von Frau Dr. Rathgeber würdevoll und entschieden abgewiesen.

Nunmehr gerieth man, um meinen Aufenthalt zu entdecken, auf eine ganz absonderliche List. Eine Spürnase nämlich griff zum Mittel der Brieffälschung. Von meinen drei Schwägern war der eine Kaufmann zu Lützen und es wurde ein Brief als von ihm ausgehend geschmiedet. Dieser Brief wurde an einen andern meiner Schwäger, welcher ein Gutsbesitzer zu Schleußkau bei Kamburg a. S. war, gerichtet, und zwar wurde ihm geschrieben, er sollte doch sofort nach Kamburg zu dem dortigen Landrichter Herrn v. Giesele gehen und sich von demselben für mich einen Paß nach der Schweiz ausstellen lassen, damit ich in Sicherheit aus Deutschland hinausreisen könnte. Mein Schleußkauer Schwager, mit den schwarzen Künsten der geheimen Hermandad unbekannt, nahm den gefälschten Brief für ächt und erschien bei dem Kamburger Landrichter, worauf ihm dieser sagte, er würde den Paß sofort ausfertigen und, da die Sache offenbar eilig betrieben werden müßte, ihn mir selber zuschicken. Auf diese Weise glaubte man sich versichern zu können, ob ich mich nicht auf einem der Güter meiner Verwandten in der Nähe Kamburgs aufhielt. Man scheute also nicht einmal die Brieffälschung. Bei dieser Gelegenheit will ich bemerken, daß schon im Jahre 1844, als ich in Meiningen das Gymnasium besuchte, ein gefälschter Brief, angeblich von meinem Vater, in Wahrheit aber von einem — ehrenwerthen — Vertreter der irdischen — Gerechtigkeit — ausgehend, von Kamburg nach Meiningen an die dortige Rekrutirungs-Behörde gesandt worden war. In diesem gefälschten Briefe theilte angeblich mein Vater der besagten Behörde mit, daß er wünsche, ich solle nicht als Studirender vom Militärdienste frei sein, sondern man möge mich untersuchen, ob ich tauglich sei. Durch mein energisches Auftreten gegenüber dieser Behörde, die mich dem Gesetz zum Trotz bezüglich der Militär=Tauglichkeit von einem Militär=Arzte prüfen lassen wollte, zertrümmerte ich die jämmerliche Intrigue mit wenig Mühe. Diese und ähnliche Unbilden, die man mir wegen meiner sozialistisch=atheistisch=republikanischen Weltanschauung schon auf dem Gymnasium zufügte, trugen nicht dazu bei, mich mit den öffentlichen Zuständen, mit denen sie verknüpft schienen, zu versöhnen.

Als ich im Jahre 1865 zu Frankfurt a. M. das Präsidium des Allgemeinen Deutschen Arbeitervereins führte, wurden einmal vierzehn Tage hindurch mir alle Briefe, die ich von der Post erhielt, mit erbrochenem Siegel zugestellt. Das Schwarze Kabinet gab sich nicht einmal die Mühe, sie wieder zu verschließen. Dieses Verfahren war, um das Geringste zu sagen, sehr ungeschickt.

Noch muß ich einer Haussuchung erwähnen, die im Herbst 1871 zu Braunschweig von drei niederen Polizei=Beamten, denen Herr Leonhard v. Bonhorst verrathen hatte, ich besäße das Manuskript eines im „Braunschweiger Volksfreund" erschienenen, inkriminirten Artikels über den „Frieden und das stehende Heer", ohne jeden Haussuchungsbefehl bei mir abgehalten wurde. Trotz meines Protestes durchwühlten sie meine sämmtlichen Papiere und Privatbriefe. Als ich darauf wegen Preßvergehens im Braunschweiger Klostergefängnisse saß, wurden zu meinem Befremden alle Briefe, mochten sie nun an mich ankommen oder von mir abgehen, durch den Ober=Inspektor des Gefängnisses — der, wenn ich nicht irre, Unteroffizier und vordem ein ehrsamer Handwerker gewesen war — angeblich um der Gefängniß=Ordnung willen gelesen.

Als Wilhelm Bracke von Braunschweig 1870 während des Krieges gefangen nach Lötzen abgeführt worden war, kamen mehrmals Geschäftsbriefe an ihn erbrochen an.

Es ist allbekannte Sache, daß von der Mehrheit der deutschen Reichstagsabgeordneten ohne Sträuben dem deutschen Reichskanzler und seinem Ministerium geheime Fonds, bestehend in enormen Summen, zugestanden worden sind. Eine gleiche Willfährigkeit legt der österreichische Reichsrath an den Tag.

Oefters ist im „Volksstaat" und in anderen Parteiblättern von Brieferöffnung geschrieben worden. Ich gehe auf die berührten Fälle nicht des Näheren ein, weil ich dieselben nicht genau genug kenne. Ebenso will ich nur andeutungsweise erwähnen, daß noch in der allerneuesten Zeit, nämlich im Jahre 1875, ein ultramontaner Abgeordneter im preußischen Unterhause sich darüber beklagte, daß ein an ihn gerichteter Brief erbrochen von der Post bei ihm angekommen sei. Dagegen will ich zum Schluß kurz und bündig mein Urtheil über das Institut der Schwarzen Kabinette darlegen.

X.

Unmaßgebliches Urtheil über die Schwarzen Kabinette.

Vor Allem muß ich bekennen, daß ich den jeweiligen Inhabern der Staatsmacht es durchaus nicht verdenke, wenn sie die in ihren Händen befindliche Macht diskret zu gebrauchen verstehen. Ich gehöre nicht zu den kleinlichen Sittlichkeitskrämern, die theils sentimental beklamiren, theils pathetisch aufschreien, wenn hin und wieder bekannt wird, daß auf der Post ein Brief eingesehen worden ist. Aber unkluges Zuwerkegehen vereitelt auch die beste Absicht. So verfuhr die durch den Kriegszustand gerechtfertigte Pariser Kommune des Jahres 1871 zwar sehr ehrlich, aber unaussprechlich tölpisch, als sie jeden für das Land bestimmten Brief mit Einwilligung des Absenders lesen ließ. Denn durch dieses offene Verfahren wurde die Maßregel des Brieferöffnens völlig nutzlos und gehässig. Ich stimme vollständig dem bekannten Polizisten Fouché bei, wenn derselbe nach dem Falle Napoleon's I. schrieb:

„Die Verletzung des Briefgeheimnisses ist gehässig und unnütz, sobald sie bekannt ist. Sie ward von beschränkten Köpfen ersonnen, welche die Tragweite der von ihnen vorgeschlagenen Mittel nicht zu berechnen verstanden."

So wenig der von Parteien durchsetzte monarchische Staat sich der geheimen Polizei entschlagen kann, so wenig kann er auf die Oberaufsicht über den Postverkehr gänzlich verzichten. Nur soll er die Leute nicht mit polizeilichen Nadelstichen quälen, nicht ohne zwingende Gründe belästigen.

Wer die europäische Geschichte der letzten Jahrhunderte von einem vorurtheilslosen Standpunkte aus betrachtet, der muß gewahren, daß sich die vom sechzehnten Jahrhundert stammende Staatsidee immer mehr an die Stelle der mittelalterlichen Besonderheiten, sowie der individuellen Selbständigkeiten setzt, daß sie folglich die Ausgleichung der gesellschaftlichen mit den staatlichen Verhältnissen bewirkt und daß sie sich stetig zunehmend mit dem Begriffe der Gemeinsamkeit erfüllt. Indem durch den mit innerer Nothwendigkeit sich vollziehenden wirthschaftlichen Prozeß die in Klassen eingereihten menschlichen Faktoren des gesellschaftlichen Zustandes durch die auf einander folgenden logischen Veränderungen sich ihres Verhältnisses zum Staate bewußt werden, verwandelt sich unaufhaltsam die den Staat vordem repräsentirende absolutistische Monarchie in die sozialistische Demokratie.

Der alte absolutistische Staat, anständig-sittlich mit einer scheinkonstitutionellen Hülle verschleiert, sieht mit Schrecken die vor sich gehende Verwandlung. Mit einem verknöcherten Beamtenthume unfähig, der geschichtlich nothwendigen Umwandlung in deren Gesammt-Ursächlichkeit auf die Spur zu kommen, verrennt er sich in die falsche Voraussetzung der persönlichen Willensfreiheit aller Einzelnen, hält die zum Bewußtsein ihrer Eingliederung in den Gesammt-Organismus gelangenden menschlichen Faktoren für böswillige Verschwörer und sucht mit seinen Gerichten und seiner Polizei dem unfaßbaren Gemeingeiste ein Gebiß anzulegen. Daher die Schwarzen Kabinette, daher die polizeilichen Beschlagnahmen, daher die gerichtliche Inquisition. Aber alle kleinlichen, zum Theil quälerischen Maßnahmen können dem tief in der Natur der Zustände begründeten Werden neuer Gestaltung keinen Einhalt thun. Der alte Staat lebt sich bis in seine letzte Form aus und stirbt dann an Erschöpfung. Wie die einzelnen Menschen verschwinden, nachdem ihre geschichtliche Zeit aus ist, so enden auch die Staats-Organismen und machen neuem Leben Platz.

Es ist ein Irrthum gewesen, wenn man geglaubt hat, vermittelst der Beamtenwelt einen konstitutionellen Rechtsstaat herstellen und durch Verfassungs-Paragraphen, durch Ueberweisung der Brief-Inquisition, sowie der Beschlagnahme von Papieren an die Gerichtsbeamten die geheime Polizei eindämmen zu können. Wie sich schon in Deutschland bei den Demagogen-Hetzen gezeigt hat, unterliegen auch die Gerichte den politischen Strömungen und vermögen ihre Angehörigkeit zur herrschenden Staatsgesellschaft nicht zu verläugnen. Ob mit gerichtlichen Förmlichkeiten verknüpft, ob mit polizeilicher Formlosigkeit die Inquisition ausgeübt wird: — bleibt sich doch die Sache dem Wesen nach gleich. Andererseits können auch die Aussprüche der Rechtslehrer nicht helfen. Seit dem siebzehnten Jahrhundert haben sich dieselben ganz vergeblich gegen die Schwarzen Kabinette ereifert. Ihnen kam die höhere Staats-Raison immer entgegenhalten, daß sie in legitimer Selbstvertheidigung begriffen sei, und sie vermag somit dieselben, wenn sie sich überhaupt zu einer Beschönigung herbeilassen will, mit den eignen Waffen zu schlagen. Hierzu kommt, daß die berühmten Rechtslehrer sammt und sonders von der veralteten irrthümlichen Weltanschauung der freien absoluten Persönlichkeit und unbedingten menschlichen Willensfreiheit ausgehen und daß sie also für uns durchaus keine Autoritäten sein können.

Weder Rechtslehrer, noch Verfassungs-Paragraphen können den Schwarzen Kabinetten Einhalt thun; doch zieht ihnen Schranken der ins Millionenfache vermehrte Briefverkehr. Zehn Millionen Briefe in einem Jahre lassen sich von keiner geheimen Polizei bemeistern. Je einfacher die Briefe aussehen, je weniger Sorgfalt sie in ihrem Verschluß zeigen, desto leichter schlüpfen sie durch. Man hat schon während der ersten französischen Revolution die Beobachtung gemacht, daß unter der Schreckensherrschaft aus Deutschland kommende Briefe, welche nicht auffallend künstlich verschlossen waren, sondern wie ganz gewöhnliche Geschäftsbriefe aussahen, alle unerbrochen an ihre Adresse gelangten. Damals wurde in Deutschland unter dem Titel: Le Contr'-espion, ein Buch, welches ein Jenenser Buchhändler in Kommission hatte, zu dem ausgesprochenen Zwecke verbreitet, das Lesen der Briefe seitens der Schwarzen Kabinette zu vereiteln.

Ferner wird den Schwarzen Kabinetten eine Schranke gesetzt durch ihre Erfolglosigkeit. Weder die Revolution von 1789, noch die von 1830, noch die von 1848 sind durch die Schwarzen Kabinette verhindert, ja nicht einmal geahnt worden, und auch Louis Napoleon Bonaparte ist, als sich sein Kaiserreich abgenutzt hatte, trotz des feingesponnenen Spionirsystems den Weg alles Fleisches gegangen. Auf der Post lassen sich höchstens Narren fangen, und an deren Fang kann doch wohl den Regierungen nicht viel gelegen sein!

Je mehr sich die alten auf Familien-Abgeschlossenheit fußenden Zustände ableben, desto mehr hört die Geheimnißkrämerei auf. Es muß noch so weit kommen, daß kein Mensch mehr sich genirt, alle seine Gedanken und innersten Empfindungen offen an den Tag zu legen. Die Demokratie ist nur mit größter Oeffentlichkeit vereinbar. Durch die offenen Korrespondenz-Karten beschreiten wir jetzt auch auf der Post mehr und mehr den Weg demokratischen Gemeinlebens.

Es kommt hinzu, daß der Telegraphen-Verkehr den Post-Verkehr überholt. Nun unterwerfen allerdings die Regierungen den Telegraphen-Verkehr überall einer strengen Aufsicht. Nicht nur die für die Zeitungen bestimmten telegraphischen Depeschen tragen das Gepräge des Regierungs-Einflusses, sondern auch sonstige Telegramme unterliegen der staatlichen Auf= und Einsicht und werden unter Umständen beanstandet. Fast könnte man sagen, daß das ursprüngliche Schwarze Kabinet der Posten sich sofort auf den Telegraphen-Verkehr übertragen hat. Die für Druck=sachen im Jahre 1848 abgeschaffte, aber vermittelst der preßgesetzlich seitdem auftauchenden präventiven Beschlagnahmen der Zeitungen wieder-hergestellte Zensur erhielt sich unangefochten im telegraphischen Verkehre bis zum gegenwärtigen Augenblicke fort.

Wohl mag, so lange kein Krieg störend in den Weltverkehr ein=greift, die Verwandlung des Post= und Telegraphen-Instituts in eine Weltverkehrsanstalt die alte eingewurzelte Praxis der Post= und Tele-graphen-Zensur mildern und sie mehr und mehr abschwächen; allein eine völlige Freiheit des Gedankenaustausches auf diesen beiden Verkehrs=Vermittelungs-Anstalten ist erst dann zu erhoffen, wenn das Bruderband der Demokratie die Feindseligkeiten und Mißverhältnisse unter den verschiedenen Völkern und Volksklassen hinweggeräumt hat und wenn über den Häuptern aller Bewohner des Erdenrunds als Symbol der Menschenliebe schirmend das rothe Banner weht.

Inhalts-Verzeichniß.

		Seite.
Einleitung	. . . .	5
Geschichte des Schwarzen Kabinets in Frankreich	. . . .	19
Das Schwarze Kabinet in Oesterreich	. . . .	33
Einiges über das Schwarze Kabinet in Rußland	. . . .	45
Einiges über das Schwarze Kabinet in Preußen	. . . .	48
Anlage I. Beschlagnahme von Postsendungen im Deutschen Reiche	. . .	64
Anlage II. Kurzgefaßte Geschichte des Thurn und Taxis'schen und des österreichischen Postwesens	. . . .	67
Anhang. Von Bernhard Becker.	. . . .	84